KB069820

겹겹의
공간들

겹겹의
공간들

발행일
초판 1쇄 2014년 8월 20일

지은이 | 최윤필
펴낸이 | 정무영
펴낸곳 | ㈜을유문화사

창립일 | 1945년 12월 1일
주소 | 서울시 종로구 우정국로 51-4
전화 | 734-3515, 733-8153
팩스 | 732-9154
홈페이지 | www.eulyoo.co.kr
ISBN 978-89-324-7240-9 03100

익숙한
공간에 대한
인문적
시선

겹겹의 공간들

최윤필 지음

을유문화사

차례

들어가며

벽, 공간의 뼈대

드라마나 영화를 보다 보면 심한 충격에 실신하거나 기억을 잃어버렸다가 의식을 회복해 가는 과정이 심심찮게 등장한다. 너무 자주 봐서, 또 너무 뻔해서, 식상한 장면들.

'여기가 어디지?' 그는 눈을 뜨자마자 자신이 놓인 낯선 장소를 탐색한다. 천장과 벽, 집기들……, 하얀 시트가 깔린 철제 침대 위에 누운 환자복 차림의 자신. '아, 그런 일을 겪었지.' 환자는 으레, 기억의 단편들을 애써 모아 분절된 시간을 잇고, 지난 상황을 재구성한다. 그렇게 복원해 낸 공간과 시간의 좌표를 통해 그는 가까스로 일상으로 회귀한다. '오늘이 며칠이지? 이제 어떻게 하지?'

인간이 성취해 온, 이성 혹은 판단력이라고 부르는 모든 정신적 작

고흐의 「낮잠」. 가난한 무명의 고흐에게 밀레의 작품 「낮잠」은 어떤 의미였을까. 수확이 마무리될 즈음의 어느 오후 일드프랑스의 작은 마을 바르비종의 밀밭. 고흐는 유명 화가의 작품을 모사하며, 구도나 기법보다 그림 속 가난한 농부 내외가 누리는 저 포근한 안식을 더 갈망하지는 않았을까. 그늘을 드리운 밀짚더미 벽은 또 어떤 의미였을까.

용의 첫 꿈틀거림이 저처럼 공간에 대한 인식에서 시작되는 것은 아닐까? 적어도 상당한 상관관계가 있는 것만은 분명하지 않을까?

철학의 기본 범주로서 시간과 함께 공간이 군림해 온 것은, 그래서 지당해 보인다. 공간은 누구나 누린다는 점에서 보편적이다. 그 너머에 어떤 부가적인 차원도 허용하지 않고 이면에 어떤 배후도 거느리지 않는다는 점에서 근본적이다. 아무리 부풀리거나 짜부라뜨려도 벗어날 수 없는 삶의 장場이다. 문화사학자 스티븐 컨이 『시간과 공간의 문화사(1880~1918)』의 서문에 썼듯 인간은 시대와 장소를 불문하고 저마다 상이한 공간적 경험을 하며, 의식적이든 무의식적이든 공간에 대한 관념을 갖게 마련이다.

공간의 관념은 예술가에 의해 건축이나 조각, 회화, 음악, 문학 작품 속에 구현되기도 하고 상징의 견고한 소재로 활용되기도 한다. 그렇게 구현된 공간이 다시 당대인의 정신 속에 스며 시대의 정신, 그리고 형이상학의 성채를 굳건히 하는 데 헌신한다. 고대의 신전이나 중세의 종교 건축, 근대 이후의 미학적 공공 건축들이 대표적인 예다. 요컨대 그것은 공간적 사유라는 이름의, 상징을 통한 소통이다. 정신현상학자 후설Edmund Husserl이 했다는 "지각은 지각하는 자와 지각되는 것, 그 양자의 관계"라는 말을 편의적으로 끌어와 공간과의 대화, 그 묵언의 소통에 적용해도 크게 억지스럽지는 않을 것이다. 화강암과 대리석, 철근 콘크리트로 구획된 공간을 매개로 또 그 속에 담긴 수많은 상징들을 매개로, 우리는 공간과 의식적으로나 무의식적으로, 또 공시적으로나 통시적으로 소통해 왔다.

일상에서 우리가 기억이라고 부르는 것도 공간화한 기억이다. 프루

스트가 『잃어버린 시간을 찾아서』에서 끊임없이 유년의 마을과 길과 집과 방들을 소환하는 까닭도, 추억이란 게 벌집 같은 공간 속에 특정의 시간들을 압축-공간화하고 있기 때문이다. 바슐라르Gaston Bachelard가 『공간의 시학』에서 한 말처럼 "기억을 생생하게 하는 것은 시간이 아니라 공간이다. (……) 우리들이 오랜 머무름에 의해 구체화된 지속의 아름다운 화석들을 발견하는 것은, 공간에 의해서, 공간 가운데서인 것이다".

하지만 유감스럽게도 공간은 관계에서 유리된 채 대상화하거나 진부한 비유 속에 갇혀 굳어져 버린 경우도 많다. 한편에 특권적 미학 공간으로 우뚝 선 소수의 고유 명사들의 공간들이 있다면, 대다수 일상의 공간들은 고전 회화 작품 속의 배경(근대 이전의 회화에서는 제재를 긍정적 공간, 배경을 부정적 공간이라 불렀다)처럼 밀쳐져 버린 듯한 미심쩍음, 아니 안타까움이 치미는 것이다. 예를 들어, 새로 살 집을 구하러 다닐 때에도 우리는 공간 자체의 개별적 성격이나 표정보다는 도배지나 장판 상태, 창 너머의 풍경을 먼저 살피고, 공간 형태와 배치보다 가구 놓을 자리를 가늠하느라 줄자를 들이대기 일쑤다. 공간의 미학적 빈익빈 부익부는 물론 심화한 경제적 격차나 기능주의의 위세 탓이 클 것이다.

하지만 정치경제학적·문화사적 진단으로는 충분히 해명되지 않는 사소한 원인들—이를테면 습관이나 무관심 같은—도 거기에는 있지 않을까. 다시 말해 공간의 성격이나 표정에 대한 환기만으로도 우리가 누리는 이 가난한 공간의 가치를 느끼고 누려 볼 수 있지 않을까. 예쁜 도배지와 액자로 벽을 치장하고 값비싼 가구와 공산품들로 공간을 채우는 식의 '인테리어'가 아니라 텅 빈 공간 자체의 가치에서 시작해 보면 어떨까 하는 인식 정도는 갖출 수 있지 않을까. "침묵의 질이 사랑의 질"이라던 어느 소설가의 글에 고개를 끄덕이고, 한 시인이 작품 안에 담고자 했다던 '당당한 주저' 혹은 어떤 교향곡 속에 깃들인 덤덤한 휴지부에 뭉클해지는 때도 있지 않은가.

공간의 경시, 혹은 대상화가 미학의 차원에만 국한된 것은 아닐 것이다. 엽기적인 살인 사건의 전모를 밝히는 데 바빠 변두리 허름한 단칸 셋방과 그 공동체의 표정을 살피는 데 게을렀고, 검은 돈다발이 건네졌다는 빌딩 지하 주차장 혹은 교차로 건널목의 뻔한 풍경 속에서 낯선 표정을 살필 여유가 없었던 것도 사실이기 때문이다.

예컨대 저기 '벽壁'이 있다. 공간을 구획하고 구체화하는 가장 기초적인 장치로서의 벽. 거창하게 말하자면 벽은 천부의 권리인 자유와 평등, 또 근대의 근간인 사적 소유와 자율적 개인을 존립케 한 상징적이고 실질적인 조건 가운데 하나다. 삶이 삶인 한, 아니 죽어서조차 우리는 공간성을 넘어설 수 없고, 그래서 벽 너머를 넘볼 수 없다는 말은 비유가 아니라 실존적 진실이다.

그런 '벽'이 제가 지닌 생래적 의미보다는 차가운 비유의 맥락에 더 바삐 동원되고 복무해 왔다는 사실은 의미심장하다. 언젠가부터 우리는 장애나 극복의 상징으로 별 생각 없이 벽을 대상화해 왔다. 벽은 계몽주의의 근엄한 억압과 근대 시민 윤리의 강박 안에서 안간힘 다해 넘어야 할 대상이었고, 허물어뜨려야 하는 속박·단절·불화의 상징이었다.

벽의 그런 상징이 어떤 시간의 결 위에서 우리의 인식 속에 굳어졌는지, 요컨대 진부해졌는지 해명하기는 어렵다. 긴 세월 동안 다져져 왔을 것이다. 고대의 벽들, 예컨대 예루살렘의 '통곡의 벽'은 '주 그리스도의 눈이 주야로 머무는' 성전의 보호막이었다. A.D. 70년 로마의 군대가 제우스 신전과 황제의 동상을 건립하기 위해 유대인을 내쫓고 예루살렘 성전을 파괴하며 그 위세를 후대에 보이고자 남겨둔 벽의 일부가 '통곡의 벽The Wailing Wall(원래 이름은 서쪽 벽)'이다. 그날 이후 성전의 벽은 통곡의 벽이 됐고, 전 세계에 흩어져 살던 유대인과 히브리 민족에게는 상처와 복토의 염원, 그리고 구심의 상징이었다. 1967년 이스라엘이 요르단과의 '6일 전쟁'으로 이 벽을 되찾음으로써 그 꿈은 1900년 만에 이루어졌고, 통곡의 벽은 유대인 최고의 성지이자 감격의 공간으로 자리잡았다. 통곡의 벽 틈새에 소원 쪽지를 끼워 두고 기도하면 한 가지 소망은 이루어진다고 믿는 순례자에게 통곡의 벽은 지금도 주의 눈이 주야로 머무는 성전의 마당을 지키고 있다.

통곡의 벽이 신자들에게 복원하고 지켜야 할 염원의 상징이라면 '여리고의 성벽'은 허물어야 할 사탄의 벽이자 신 앞에서 인간의 믿음이 넘어서야 할 시험의 공간이다. 여호수아의 이스라엘 군대는 가나안 땅의 입구를 막고 선 이 난공불락의 성벽 앞에서 여호와의 지시대로 7일간 침묵하며 성벽을 돌았고, 나팔소리와 함께 견고한 성벽이 무너져 내렸다고 구약은 전하고 있다.

인간이 신의 속박과 신분의 구속으로부터 자유로워진 뒤 스스로의 재간과 분발로써 한때 운명이라고 불렀던 모든 것들로부터 벗어나는 것이 새로운 운명이 된 뒤로도 저 고대의 상징들은 굳건하다. 아니 역설적으로 근대의 인간은 자유 너머에서 맞닥뜨린 자아의 벽, 집단의 벽, 새로운 계층 계급의 벽 앞에서 스스로를 다그치고 또 이데올로기에 채찍질당하며 벽과 더욱 불화하도록 부추겨져 온 것인지 모른다. 여리고의 성벽과 달리 좀체 허물어지지 않는 저 견고한 벽들 앞에서, 원망과 극복의 대상으로 굳어져 버린 차가운 벽들 앞에서, 또 그 안에 갇혀 우리의 삶의 공간 역시 하릴없이 조금씩 스산해져 왔을 수도 있다.

하지만 우리는 누구나 벽 안에서 프라이버시를 지키고, 벽에 기대 휴식한다. 병들고 상처 입은 짐승이 찾아 드는 동굴, 아무도 편들어 주지 않는 세상에서 야단맞은 아이가 오직 제 서러운 흐느낌만으로 자신을 다독이는 침묵도 벽이 마련한 거처이고, 여린 생명이 온전히 제 숨결을 갖출 때까지 지켜 주는 것도 어미 뱃속의 벽이다. 그리고 우리는 그 벽들을 부를 때, 이미 식어 버린 '벽' 대신 '품'이라는 항온恒溫의 단어를 빌어 쓴다.

벽을 대상화한 것은 공간 자체를 대상화해 온 우리의 근대적 가치 체계, 사소하게 말하자면 둔해진 감각, 못마땅하게 밴 습관과도 관련이 있을 것이다.

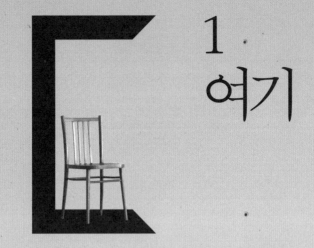

1
여기

쇼윈도

천국의 꿈 이미지로 치장된
시간과의 전장

세계 최초의 백화점인 프랑스 파리의 '봉마르셰Bon Marché'를 소재로 한
에밀 졸라의 소설 『여인들의 행복 백화점』(1883)에는 한 시골 처녀가
백화점 쇼윈도를 처음 구경하는 장면이 실감나게 그려져 있다.

　드니즈와 일행은 무엇보다도 오밀조밀한 윈도 디스플레이에 매료되었
다. 먼저 진열창 위쪽에는 (……) 점원의 능숙한 손길에 의해 여인이 허리
를 한껏 뒤로 젖힌 것처럼 주름이 잡힌 모양새가 생동감이 흘러넘친다.
(……) 하지만 그들을 마치 못에 박힌 듯 그 자리에서 꼼짝 못하게 만든 것
은 마지막 진열창이었다. (……) 이렇듯 상품이라는 모티브가 바뀌고 진열
대라는 생생한 악절이 바뀌는 동안에도 나지막이 계속되는 반주가 있었는

소비자의 욕망을 움켜쥐기 위해서는 먼저 눈길을 붙들어야 한다. 시선을 사로잡고, 발길을 묶고, 끝내는 마음을 훔쳐 내는 그 일련의 과정들이 필요의 사슬로부터 풀려난 지 대략 200년이 됐다. 그 소비자본주의의 얼굴인 쇼윈도도 세월과 함께 눈부시게 진화해 왔지만, 고전적 기능과 상징성은 조금도 달라지지 않았다.

데, 그것은 크림빛 스카프의 나풀나풀한 주름장식 끈이었다.

'금발 여인의 보드라운 살갗', '한 번도 사용한 적이 없는 여성용 소품의 뻣뻣하고 숫처녀 같은 우아함', '감미롭게 일렁이며 섬세하기 그지없는 꽃들의 다양한 빛깔'……. 온갖 관능의 어휘들로 치장한 졸라의 문장 안에서 쇼윈도는 벤야민이 '사용가치에서 교환가치로의 전이'라고 풀이한 19세기 소비자본주의 시대의 창^窓으로서의 면모를 가감 없이 과시하고 있다. 창 너머에는 필요에 앞서 펼쳐지는 욕망 소비의 시대적 매혹이 극장의 판타지처럼 펼쳐져 있다.

인류가 윈도쇼핑의 쾌락에 처음 몰두하게 된 것도 1784년 프랑스 파리에서였다고 한다. 부르봉 왕가의 루이 필립 오를레앙이 자신의 성 팔레 루아얄^{Palais Royal}의 1층을 개조해 상점 거리를 만든 것이다. 산책을 나온 시민들은 긴 회랑을 따라 줄지어 입점한 당대의 패션 상점들을 비 맞을 걱정 없이 구경할 수 있었다. 사려는 물건을 바깥에서 구경하기는커녕 매장에 들어서서도 원하는 물건을 말한 뒤에야 점원이 가져와 보여 주던 식이던 이전과 달리 팔레 루아얄을 한 바퀴만 돌면 당대의 멋쟁이들이 지닌 유행 상품을 한꺼번에 둘러볼 수 있게 된 것은 가히 생활의 혁명이었을 것이다. 시민들은 산책보다 구경, 즉 윈도쇼핑을 목적으로 그곳을 찾았고, 쇼윈도는 비유도 과장도 아닌, 스펙터클 그 자체였다.

이후 19세기 중반까지 파리 곳곳에는 유리 지붕을 얹은 아케이드 상가(파사주)가 본격적으로 들어섰고, 1816년 기름 램프와는 비교가 되지 않는 밝기의 가스등이 등장하면서 윈도쇼핑은 조명의 세례까지 입

테오도어 호프바우어(Theodor Hoffbauer)가 그린 1840년의 팔레 루아얄.

게 된다(가시마 시게루의 『백화점의 탄생』 참고). 19세기는 '진보'라는 새로운 신앙의 시대였고, 파리는 명실상부 그 신앙의 성지였다. 시민들은 쇼윈도의 풍요와 화려함 속에서 곧 도래할 지상 천국의 약속을 보았고, 그 약속 안에서 쇼윈도는 천년왕국 성전의 제단이자 임박한 미래였다.

진보의 신앙이 헛된 꿈에 불과하다는 게 처절하게 확인된 뒤로도 쇼윈도는 비록 '물신物神'의 제단쯤으로 격하되긴 했지만, 건재했다. 의미의 층위에서 추락하는 대신 현실의 저변을 넓혔고 치장의 정성도 날로 더해졌다. 그 공간은 이제 저마다 '쇼핑 천국'의 입구와 벽면을 장식하며 비주얼 머천다이징VMD, 곧 시각 마케팅 기법과 행위의 총체라해도 좋을 첨단 소비문화 산업의 전시 공간으로 자리잡았다.

쇼윈도는 빛과 색채의 마법 공간이다. 문화와 기술의 진보로 소품과 조명이 달라졌고 동시대인의 달라진 취향과 욕망을 겨냥하느라 기법과 분위기가 나아졌을 뿐, 예나 지금이나 저마다의 천국의 꿈 이미지를 구현하려 한다는 점은 한결같다. 주력 상품들을 전면에 돋보이게 배치한 고전적인 쇼윈도들 사이에는 상품의 진열 공간이라는 인식 자체를 스스로 부인하듯 소비 낙원의 이미지만 드러내는 파격적 은유의 쇼윈도도 있다. 그때의 상품은 천국의 소품처럼 기둥 뒤나 LED 조명의 그늘 속에 실루엣처럼 배치되곤 한다.

혼자 비트적거리기조차 거북할 만큼 얄팍한 그 부조浮彫의 공간은 머천다이저(또는 디스플레이어)들의 마법 같은 스케일과 공간 장식의 연출력으로 철 따라 꽃밭도 되고 해변도 되고 크리스마스 시즌에는 벽난로가 있는 아늑한 거실로도 변한다. 눈 내리는 전원 마을의 풍경이 담긴 스노 글로브Snow Globe 속 같고, 입체 영화의 크리스마스 파티 장면을 옮겨 놓은 것 같은 쇼윈도도 있다.

비좁은 폐쇄 공간의 그 호사스러운 확장성은 외양과 개성의 다채로움에도 불구하고, 동시대의 소비 욕망을 선도적으로, 또 압축적으로 드러낸다는 점에서, 또 멋과 풍요와 여유와 기대 등 억눌린(혹은 억눌러온) 시민들의 욕구를 스스로 발견하게 하고 분출하게 유혹한다는 점에서 하나다. 쇼윈도는 그 자체로는 만질 수도 들쳐볼 수도 없는 시각 공간이다. 쇼윈도의 벽 너머에 대한 호기심을 자극함으로써 소비자의 발길을 매장 안으로 유인하거나 상품의 상징적 가치를 돋보이게 과시하는 공간이다. 하지만 쇼윈도를 향한 개별적 시선의 주체인 소비자는 그 판타지에 대한 욕구의 연대를 통해 바로 그 집단의 판타지 안에서 비로소 공동체임을, 이 소비 공화국의 구성원임을 확인한다. 그렇게 쇼윈도는 벤야민이 '물신을 향한 집단 예배의 방식'이라 칭했던 유행을 창조하고 확산시킨다.

12월 말, 크리스마스와 연말 연초의 어수선한 들뜸과 함께 쇼윈도의 존재감은 도드라진다. 저마다 회심의 상품과 분위기로 연중 가장 치열한 경연을 펼쳐 보이는 크리스마스 시즌의 쇼윈도는 그 자체로써 모든 도시인들이 공평하게 누릴 수 있는, 2백 년 전 그 스펙터클의 영화榮華를 잠시 재현한다. 거리의 화려한 조명 장식과 성탄 캐럴, 시민들의 손에 들린 선물 꾸러미들에 자극 받아 이미 달아오른 구매의 충동은 크리스마스의 쇼윈도에 임재한 물신의 권능에 하릴없이 눈길을 빼앗기기 십상이다. 일단 매장에 들어선 고객은 철저히 계산된 공간 상술, 예컨대 외부에서 볼 때 매장 안이 늘 북적댄다는 인상을 심어 주기 위해 입구를 좁게 만든다거나 값싼 미끼 상품을 매장 입구와 층별 주 진입로에 배치하고, 관련 상품을 멀찍이 분산시켜 둠으로써 이동을 유 도하고, 공간의 활기를 돋우고 보다 많은 상품을 시선에 노출시키는 등등의 기법에 의해 충동되고 끝내는 머리를 조아리게 된다.

물론 쇼윈도가 백화점이나 패션 부티크만의 공간은 아니게 된 지 오 래다. 가게의 거의 모든 벽들이 투명 유리로 바뀌면서 이제 옷 가게나 자동차 매장 등 어지간한 상점들은 공간 전체가 쇼룸이 됐고, 그나마 남은 쇼윈도는, 음식점들이 더러 그러한데, 메뉴판 수준으로 왜소해 지기도 했다. 사이버 쇼윈도, 즉 인터넷 쇼핑몰이나 TV 홈쇼핑을 통한 상거래가 활성화하면서 오프라인 매장은 공간의 물리적 투명성과 무 관하게, 꼼꼼한 소비자들이 실물을 확인하는 곳으로만 기능하기도 한 다. 그때의 오프라인 매장은 매출보다 홍보에 치중하는 쇼윈도(쇼룸) 가 된다.

소비의 대중화와 유행의 시차 단축으로 쇼윈도의 마네킹이 어제 입 고 쓰고 신은 신상품을 오늘 거리에서 실제로 보게 되는 일도 있다. 연 예인이 방송에서 선보인 상품이 거의 실시간으로 조회되고, 또 소비되 기도 한다. 그때의 평면 모니터 역시 전자 쇼윈도다. 멋에 민감한 이들 로 북적대는 서울 도심의 어떤 거리들은 그 자체로 다채롭고 생동감 넘치는 쇼윈도다. 도시가, 아니 세상이 하나의 거대한 시장 공간이라 는 말은 그렇게도 확인된다.

원형으로서의 쇼윈도는, 그래서 사회의 축소판인 동시에 시대적인 시연 무대, 시장 자본주의의 내일을 향도하는 깃발이다. 쇼윈도가 스 타일과 라이프스타일을 업그레이드하기 위해, 혹은 집단의 소비 판타지에 뒤처지지 않기 위해 이 시즌에 소비해야 할 것들을 미리 보여 주면, 내일 우리는 그 분위기와 양태를 알게 모르게 본받게 된다.

그 현상은 거꾸로, 쇼윈도의 변신에 대한 사회의 끊임없는 요구로 작용한다. 사회보다 한 발짝 앞서야 하는 그 공간이 더 이상 앞서 나가지 못할 때, 혹은 대중적 욕망의 관성에서 지나치게 벗어날 때, 쇼윈도만큼 금세 남루해지는 공간도 없다. 그때의 쇼윈도는 물신의 제단이 아니라 상품의 무덤이 된다. 화려함의 그늘은 그렇듯 짙어서, 불 꺼진 쇼윈도와 먼지 앉은 마네킹은 패잔병의 찢어진 깃발만큼이나 참담하고 스산하다. 그래서 쇼윈도는 밤낮없이 전투가 치러지는 전장이다. 그곳에서의 전투는 경쟁업체와 소비자들의 변덕스러운 취향과 앙다문 지갑과도 치러지지만, 본질적으로는 시간과 치르는 고독한 전투다. 인적 끊긴 세밑의 거리에서도 쇼윈도의 조명이 꺼지지 않는 것은, 그 적막의 순간에도 시간은 흐르기 때문이다. 거스르고 싶은, 거스를 수 없는.

화 장 실

애착과 배척이
공존하는 공간

페스트, 탄저, 티푸스, 콜레라, 파상풍 등 희대의 살인마들이 제 실체를
드러낸 게 19세기 중후반이다. 현미경 기술이 발달하면서 세균학이
비로소 이름값을 하게 되고, 전염병들의 확산 메커니즘이 과학적으로
규명되기 시작한 것도 그즈음이다. 인류는 먼지나 부패한 사체 등 수
천수만 년 동안 친숙했던 것들, 아니면 좀 거슬리긴 해도 적당히 참아
줄 만하던 것들이 실은 무자비한 악마였음을 인식하게 됐다. 물을 가
려 마시게 됐고, 의사는 환자를 대하기 전후 손을 씻기 시작했다. '위
생'은 예의나 종교 의식儀式의 치장이 아니라 생존의 강박적 규범으로,
과학적 삶의 방식으로 자리잡아갔다. 미국 역사학자 조셉 아마토Joseph
A. Amato는 19세기 말에서 20세기 초에 이르는 저 위생 패닉의 시기를

'대청소의 시대'라고 불렀다. 중세 때에만 하더라도 드물지 않았다는 '혐오 예술abject art' 즉 부패한 사체나 몸의 분비물 등 역겨운 소재를 사용한 예술이나 스캐톨로지scatology(축제 중 분뇨를 뿌리며 고상함을 조롱하는 문화)가 근대 초입에 쇠퇴한 배경에는 저런 미학 외적인 요인도 있었을 것이다.

화장실이라는 공간, 엄밀히 말해 배설물과 배설 행위가 위생적으로 통제되기 시작한 것도 대략 그즈음부터다. 배변의 역사는 생명의 역사와 나란히 이어져 왔고, 어떤 형태로든 배변의 공간은 존재해 왔다. 야콥 블루메의 저서 『화장실의 역사』를 보면 고대 이래 지역별·신분별 다양한 배변 시설들과 그 변천사를 살펴볼 수도 있다. 하지만 그 오래된 화장실들이 지금 우리의 관념과 어울리는 최소한의 형식—사적인 단위 공간과 위생적으로 통제된 처리 시스템—을 갖추게 된 것은 20세기 들어서면서부터다. 기능적으로든 정서적으로든 특별해야 할 화장실이 공간적으로 독립한 것, 먹고 자고 일하고 씻는 일상 공간을 구성하는 하나의 필수 단위 공간으로 포섭된 기간이 1백 년 남짓에 불과하다는 것은 좀 뜻밖이다.

어쨌건 이는 배설물(그리고 배변 행위)이 그 유구한 세월 내내 천시되거나 오늘날의 그것처럼 혐오의 대상이 아니었다는 의미이기도 하다. 서유럽 여러 나라의 근대 생활사에 이야깃거리로 자주 등장하는 하이힐과 향수의 유래 등을 보면 변과 배변 행위가 그다지 대수롭지 않은, 다만 좀 성가시고 불편한 일상이었음을 짐작할 수 있다. 당시 유럽의 도시민들은 길거리 어디서든 용변을 봤고, 그걸 수치로 생각하는 이들은 '이동 화장실'업자를 부르면 됐다고 한다. 간이 이동 화장실업은 망

토와 양동이를 들고 다니면서 용변 보는 동안 가려 주는 1인 서비스업으로 19세기 중반까지도 성업했다. 고대의 어떤 부족은 심지어 신전의 제단에 배설물을 바치기도 했다는 내용이 『화장실의 역사』에는 소개돼 있다. 그때의 배설물은 제 몸의 일부이자 희생 제의의 대리물, 신성한 제물이었을 것이다. 농경 사회에서도 똥은 융숭한 대접을 받았다. 불과 수십 년 전 우리의 농사꾼 부모 세대에게 배변 행위는 단순한 '볼일'이 아니라 거름 생산 활동이어서 어지간하면 볼일은 반드시 집에서 '봐야 할' 일이었고, 평안도에서는 정월 초하룻날 부잣집 똥을 훔쳐 오는 것을 풍요를 기원하는 풍습으로 이어 오기도 했다. 부잣집은 거느린 식솔과 가축이 많기 마련이어서 주변에 모아둔 배설물(퇴비)도 풍성했을 것이다. 집주인은 그 부피로 자신의 부를 과시했고, 나그네는 그 집 살림의 규모를 가늠했다. 그때의 똥은 부의 생산재이자 풍요의 실증적 자료였다.

똥의 옛 영화는 아직 해몽解夢의 사설 속에 꿈의 흔적으로 남아 있지만, 우리의 관념(감각은 물론이고) 속에서는 이미 혐오, 기피, 수치의 대상으로 자리를 굳힌 듯하다. 똥은 저질, 저급함의 상징으로 동서의 욕설 등 일상 언어 속에서 흔히 발견된다.

하지만 똥의 급격한 위신 추락은 거꾸로 그 가치가 이성적으로 재조명되는 과정과 병행했다. 환경 생태학자들의 어떤 메시지 안에서 똥은 생명의 순환을 완성하는 핵심적 조각으로서 신성성을 다시 부여 받았다. 배설(행위)을 혐오해야만 스스로 고상해진다는, 굳어져가는 위선적 관념에 대한 반감으로, 배설(물)을 포용하고 미화하는 것이 집단 관념에 맞서는 성숙한 자아의 척도로, 미학적 오브제로 적극적으로 선택되기도 한다. '혐오 예술'이 중세에서 끊긴 맥을 이어 독자적 장르로 입지를 굳힌 것도 그런 주류 사회의 강박에의 반발, 터부에 대한 위반과 도발의 의미가 있을 것이다. 몸의 분비물들, 가령 정액이나 혈흔, 토사물 같은 불쾌한 것들로 작업한 신디 셔먼Cindy Sherman의 사진이나 토사물의 색감으로 캔버스를 채우는 밀리 브라운Millie Brown의 작품 등 그 예는 흔하다.

똥과 배변 행위에 대한, 이러한 정서적·이성적 옹호는 문학 작품 속에서 공간(화장실)의 가치를 고양시키는 방식으로 등장한 예도 있다. 베르톨트 브레히트는 희곡 「바알Baal」에서 화장실을 겸손과 지혜의 공간이라 했다. 신혼 첫날밤에도 혼자 있을 수 있는 정말 멋진 그곳에서 우리는 자신이 아무 것도 소유할 수 없는 한낱 인간임을 깨닫게 되고, 육체적으로 휴식하며 자신을 위해 뭔가를 할 수도 있기 때문이라는 것이다. "그곳에서 자네는 자신이 누구인지 알게 되리라. 뒷간에서─ 처먹는 놈이라는 것을!"

화장실이 겸손해지고 지혜로워지는 공간이라는 데 선뜻 동의하는 이는, 화장실을 해우소解憂所라는 형이상학적 공간으로 승화한 수도승들을 제외한다면, 많지 않을지 모른다. 당송팔대가唐宋八大家의 한 사람인 구양수歐陽修도 삼상지학三上之學이라 하여 마상馬上, 침상寢上과 함께 측상厠上을 책을 읽거나 생각하기 좋은 배움의 장소로 꼽았지만, 그 말 역시 촌음寸陰까지 아껴 배움에 힘쓰라는 반어적 의미로 이해하는 것이 더 그럴싸할 것이다.

하지만 하루 30분 남짓 머물게 되는 그 '측상'이 화급한 욕구를 해소하기에 바쁜 현대인에게 그 날의 뉴스와 교양 상식을 보충하는 데 요긴한 장소로 활용되는 것도 사실이다. 화장지가 귀해서 낡은 책이나 신문지로 대용하던 예전이나, 읽을거리가 하도 흔해서 공중화장실 치고 무가지 한 장 없는 곳이 드문 요즈음이나, 우리가 직접적인 생계 활동과 무관하게 지식이나 정보를 전하는 활자를 접하게 되는 드문 공간이 화장실이다.

한때는 그 공간을 '집필'의 장소로 활용하는 이들도 있었지만, 불가사의하게도 근년 들어 화장실 낙서는 표나게 줄어들었다. 그게 '시민의식 선진화'라는 관급 구호의 위력인지 비정규직 청소 노동자들의 헌신 덕인지는 알 수 없지만, 아무튼 그 비리고 고독한 욕망의 대자보들도 화장실에서만 볼 수 있는 읽을거리였다. 화장실 낙서를 동물들의 일반적 습성, 즉 배설물로 제 지위나 힘을 과시하고 영역을 표시하는 수단으로 활용하는 기회를 빼앗긴 인간이 그 상실감을 벌충하려는 흔적이라는 해석도 있다. 이를 수긍하든 않든, 화장실 공간과 그 산물에 대해 우리의 무의식에 깔려 있는 애착의 탯줄은 정신분석학까지 거론하지 않더라도 존재론적인 어떤 영역에까지 이어져 있음을 짐작할 수 있다.

근래에는 화장실을 실험적인 성적 판타지의 공간으로 활용하려는 이들도 있고 투명 유리문이 달리거나 아예 문을 걷어 낸 곳도 있다지만, 상식적으로 그 공간이 '신혼 첫날밤에도 혼자 있을 수 있는' 고독한 공간이란 점은 틀림없다. 고독은 은밀한 누림과 엇갈리듯 겹치는 표현이어서 저 공간은 번다한 일상 속에서 적어도 시각적으로는 절대 자유를 누릴 수 있고 누려야 마땅한 귀한 공간인 것이다. 그곳은 첫 자위의 경험처럼 사춘기 청소년이 성(性)적으로 성장하는 데에도 요긴한 환경을 제공하기도 한다.

한편 똥에 담긴 저항적 이미지는 위신의 급격한 추락과 화려한 부활의 이력, 천대받는 외양 속에 내팽개쳐진 가치 등의 이미지와도 무관하지 않을 것이다. 그 상징적 이미지는 강자에게 맞서는 약자의 무기라는 가외의 쓰임새를 부여했다. 저항의 한 표현으로 누가 누구에게 던지는 똥은, 행위의 구체적 폭력성은 적당히 은폐되면서 짱돌이 지닐 수 없는 숙연하리만치 강력한 정서적 파급력을 발휘한다. 1그램 안에 약 1천억 마리의 박테리아가 살고 있다는 '생화학 무기'지만 그때의 육체나 공간보다는 인격이나 공간 상징과 같은 정신성을 겨냥하기 때문이다. 그래서 화장실은, 조금 비약하자면, 우리가 그런 효율적인 무기를 내장하고 있고 또 마르고 닳도록 생산해 낼 수 있는 역량의 담지자라는 사실을 자각하게 해준다. 우리가 살아 있다는 증거, 또 당분간은 건강하게 살아 갈 것이라는 믿음을 물증으로 확인하게 해주는 곳도, 그러므로 화장실이다.

정형화하기 딱 좋은, 가장 좁고 가장 짧은 연륜의 일상 공간인 화장실이 집, 공공장소 할 것 없이 가장 실험적이고 또 가장 공들여 꾸며지는 개성 공간 가운데 한 곳이 됐다는 것도 의미심장하다. 또 화장실이 청결과 불결, 아름다움과 추함이라는 극단적으로 상반된 이미지를 제 안에 품음으로써 인간 본질의 미추와 본성의 위선까지 성찰할 수 있게 해주는 공간이라는 것도 그리 허풍만은 아닐 것이다. 미학자 진중권은 '혐오 예술'을 소개하는 어떤 글에서 "문명화한 인간에게도 역겨운 것에 대한 은밀한 소망이 남아 있으나, 사회는 역겨움의 향유를 허락하지 않는다. 이때 그 금지된 욕망을 간접적으로 표현하고 우회적으로 실현하는 길을 제시해 주는 것이 예술", 다시 말해 혐오 예술이 자리잡아온 근거라고 썼다.

그런 사정들이 공부나 예술의 어떤 지향과도 닿아 있다면, 구양수의 말처럼 우리는 화장실에서 매일 공부를 하고 있는 셈인지도 모른다.

서 점

위엄으로 오연한
정신들의 공간

갓 나온 책들은 저마다의 자부로 당당하다. 제각기 휘장徽章처럼 두른 화려한 상찬의 띠지나 표지 글 때문만은 아니다. 살벌한 경쟁을 뚫고 모인 대학 신입생들의 표정처럼 어색한 긴장으로도 다 감춰지지 않은 패기와 자신감이 거기 있다. 위엄이 느껴지는 책들도 있다. 우쭐대지 않으면서도 담담히 거만한, 이를테면 오연傲然한 멋. 잘 다려 입은 외투처럼 어느 한 곳 눌리거나 주름진 곳 없이 팽팽한 표면에서, 손이라도 벨 듯 빈틈없이 각진 몸매에서, 낱장의 측선들이 포개져서 이룬 뽀얗게 순결한 몸체의 모호하게 유혹적인 존재감에서 새 책의 위엄은 배어 나온다.

내용의 기품에 걸맞게 하드커버로 멋을 낸 양장본이라면 낱장들의 실루엣이 그려내는 눈썹달 같은 곡선은 그 자체로 묘한 페티시즘을 자극할지도 모른다. 사이사이 거뭇거뭇 내비치는 잉크 자국들은 또 그 것대로 책의 부피감을 고양시키며 야릇한 호기심을 불러일으킨다. 조심스레 휘어 줄 때의 탄력과 차르르~ 낱장을 처음 넘길 때 감지되는 묘한 찰기는 종이들이 기계 칼의 육중한 하중을 버티느라 쏟았던 저항의 힘을 아직 간직하고 있기 때문이다. 새 책들만이 지니는 멋과 위엄은 그런 사소한 감각에서도 느껴진다. 아직 누구의 손도 타지 않은 새 책들만이 지니는 은밀한 매력. 서점은 그런 책들이 세상에 처음 제 모습을 드러내는 데뷔 무대다.

서점의 신간 코너는 공간의 비교적 돋보이는 곳에 자리 잡기 마련이고, 또 서점 고객들이 가장 몰리는 공간 가운데 한 곳이다. 그만큼 신진대사도 빠르다. 날 때부터 존귀한 대접을 받는 책도 있고, 소리 소문 없이 나고 지는 비운의 책들도 있다. 새 책의 수효에 비하면 신간 코너의 면적은 늘 인색해서, 아예 그 공간에 서 보지도 못하는 책들도 있고 며칠도 안 돼 일반 서가로 쫓겨나는 책들도 있다.

시장 가치가 입증된 책들은 베스트셀러 서가, 요컨대 주인공들의 무대로 자리를 옮긴다. 그 서가는 서점에서 가장 화려한 공간이지만 신간 코너보다 더 살벌한 승부의 공간, 차가운 서열의 공간이어서 매주 순위에 따라 자리가 바뀌고, 멤버가 교체된다. 거기서 오래 버티는 책들은 스테디셀러 서가라는 가장 영예로운 공간에 별도의 자리를 얻기도 한다.

중도 탈락한 책들은 종류와 장르별로 분류된 일반 서가에서 오래된 책들 사이에 섞여 늙어 간다. 흔히 말하듯 책들도 저마다의 운명이라

한 권의 책이 세상에 나오기 위해서는 책이 차지하는 자리의 화려함과는 상관없이 별도의 책 한 권으로도 다 담아 낼 수 없는 숱한 곡절의 이야기들이 필요하다. 그런 감춰진 이야기는 책 속의 어떤 문장 안에 흐릿한 비유나 암시의 형태로라도 스며들게 마련이어서, 독자들은 내용과 무관하게 어떤 책에 끌리기도 한다. 서점의 외진 서가를 걷다 보면 그렇게 우리의 시선과 마음을 잡아끄는 책을 만나게 될 때도 있다.

는 게 있어서 드물게는 어떤 기적적인 계기로 팔자八字가 일변하는 경우도 있지만 대개는 그렇게 잊혀 간다. 매주 수십 수백 권씩 쏟아지는 책들 사이에서 그나마도 서점 한 귀퉁이에 제 자리를 확보할 수 있다면 다행스러운 경우다. 종이가 바래기도 전에 절판되는 책들, 큰 도서관에나 가야 볼 수 있는 책들이 훨씬 많고, 낱장들의 찰진 숫기를 그대로 간직한 채 도서관에서조차 쫓겨나 오직 저자(나 편집자)의 기억에만 남은 책들도 숱하다.

모든 존재가 상품화하는 시대에 책의 운명이라고 유별날 건 없을지 모른다. 하지만 책은 여느 상품이 누릴 수 없는 정신성으로 하여, 앞서 언급한 것처럼 모종의 위엄을 지닌다. 아니 그런 느낌을 어렵지 않게 투사하게 된다. 상대적이긴 하겠지만, 책은 공급자(우선은 저자)의 정신성을 가장 직설적인 형태로 담는 상품이고, 소비자의 정신성에 가장 직접적으로 또 일상적으로 개입하는 대표적인 상품이다. 직업, 지위, 권력 등 세속적 가치들이 종당에는 축적한 부의 크기나 가능성으로 환원되는 경향이 노골화하고 있지만, 그 어떤 세속의 가치도 넘볼 수 없는 상징적 가치, 상징 권력의 가능성을 책은 지닌다. 그런 경향은 책이 자본주의적 기획의 가장 변방을 지킴으로써 누릴 수 있는 저항적 가치, 예외적 가치일 것이다.

물론 책도 상품이어서 어떤 한 권의 책이 필자의 세속 권력을 강화해 주는 예도 드물지 않다. 하지만 좋은 책이 늘 좋은 상품으로 평가받지는 못한다. 아니 상품으로서의 가치가 책이 지닌 본연의 가치를 자주 배신하고, 심지어 맞서는 경향마저 내보이기도 한다. 가치에 대한 시장의 빚은 대개 긴 시차時差를 두고 탕감되곤 하지만, 어둡고 게으른 눈들이 끝내 살피지 못해 영영 사라지는 책들도 적지 않을 것이다. 서점의 서가는 그런 보석 같은 책들이 처음 지녔던 저마다의 자존감으로 저 혼자서 빛나며 버티고 있는 공간이다. 오연한 위엄이란 어쩌면 첫 대면의 순간에 감지되는 그런 기미에서 비롯되는 것일지 모른다. 어떤 가혹한 운명에도 담담히, 당당히 맞서겠다는 새 책의 드문 각오 같은 것.

　대형 서점의 일반 서가, 특히 인기 없는 책들은 전면과 중심의 기획 공간(신간 인기 도서 서가나 매대)의 배후에 주로 벽을 따라 배열된다. 철학, 기술, 예술, 의학, 종교…… 도서관이 서지 체계에 따라 평등하게 안배된 익명의 공간이라면 서점은 중심, 변방 할 것 없이 책의 상품 가치에 따라 정교하게 차별화한 서열의 공간, 동적인 공간이다. 기획 공간이 전시·경쟁의 공간이라면 후미진 자리들은 구색용 창고처럼 좀 삭막하지만 그래서 평화롭다. 진종일 수천수만 명의 손님이 서점을 들고 나는 동안 단 한 사람의 눈길도 얻지 못할 때도 있을 것이다. 그렇다고 인적이 끊기는 경우는 거의 없다. 흥미 있는 책을 골라 몇 시간씩 퍼질러 앉아 읽고 가는 이들 중에는 그런 후미진 고요를 찾아오는 이들이 늘 있기 때문이다. 그런 이들은 서가에 기댄 채 다리까지 쭉 펴놓고, 천장의 폐쇄 회로 카메라가 쳐다보건 말건 느긋하게 책에 탐닉한다.

　인터넷 서점들의 할인 공세에 타격을 받는 것은 동네의 작은 서점만은 아니어서 버젓한 자리에 수천 평씩 공간을 마련한 대형 서점들도 조금씩 책의 자리를 줄여 가는 형국이다. 학용품이나 사무용품점, 간단한 선물용품점들이 들어서고 한 켠에 작은 카페가 들어서더니 점차 장신구, 음식, 의류, 화장품, 편의점까지 자리를 차지한 곳도 있다. 그

추세는 가파르고 또 이질적이어서, 서점이 스스로의 정체성을 부인하는 정도가 공간 경제성, 즉 서점 운영의 안정성에 기여하는 것 같다는 인상을 주기도 한다.

동네의 몇 안 남은 작은 서점들 가운데에는 이미 서점으로서의 정체성을 노골적으로(?) 외면함으로써 근근이 명맥을 유지하는 곳들이 있다. 지역 주민들의 사랑방 역할을 자임하는 곳도 있고, 카페처럼 작은 골방을 마련해 놓고 토론 공간 등으로 제공하는 곳도 있다. 예술가나 지역 명사들을 초빙해 강연회나 낭독회, 아담한 공연을 주선하는 곳도 있다. 그런 서점의 주인들은 또 대개 책을 아끼고 좋아하는 이들이어서, 시장의 평가에 아랑곳 않고 나름의 선택 기준에 따라 양질의 책을 골라 좁은 서가를 채워 두기도 한다. 그리고는 마치 옷 가게 점원이 옷감의 품질을 설명하고 맵시를 조언해 주듯 책에 대한 간단한 평가나 독서 컨설팅을 해주기도 한다. 커피나 차 같은 음료수와 간단한 요기 거리를 판매하기도 하는데, 얼핏 봐서는 주업인 책 매출보다 그런 부대 매출로 서점 재정을 지탱하는 듯 보이는 곳도 있다. 그런 서점들의 개성은, 잠깐씩 누리는 손님의 입장에서 보자면 멋있고 낭만적으로 보일지 모르지만, 주인으로선 생존을 위해 어쩔 수 없이 선택해야 했던 현실적인 대안일지 모른다. 그때의 작은 동네 서점은 대형 서점들이 서가의 해체를 통해 역설적으로 서점으로서의 정체성을 유지하듯 상인이지만 최대한 상인 같지 않고 싶고, 또 그래야 상인으로 버틸 수 있는 서점 주인의 저 딜레마와, 상품이지만 시장의 평가에 연연해하지 않겠다는 어떤 책들의 처절한 자존심이 아슬아슬하게 공생하는 공간이 된다. 위축돼 가는 서점의 미래 앞에 새 책들의 오연한 자존심도 조금씩 주눅들어 갈지 모른다. 그와 함께, 아마도 우리의 정신성 역시 조금씩 비루해져 갈 것이다.

극장

일상의 쩨쩨함을
견디기 위한 공간

우리가 하드보일드 소설의 탐정이나 액션 영화의 주인공, 드라마 속
연인들처럼 진하게 살아갈 수 없는 까닭은 애당초 우리의 일상이란
게 쩨쩨하게 생겨먹은 탓일지 모른다. 낯선 도시에서 잔인한 테러리스
트와 엮일 일도, 거대한 음모에 희생된 시신의 사연을 감당해야 할 일
도 우리에겐 드물다. 아름답게 내던질 만한 거창한 그 무엇을 지닌 적
조차 없었을 수도 있다. 우리가 그들의 눈부신 활약과 로맨스에 쉽게
매료되는 데에는, 그래서 어쩌면, 자극적이고 스펙터클한 사연에 대한
갈증, 어찌 해도 어쩌지 못할 쩨쩨함에 대한 무기력한 앙탈이 스며 있
을 수도 있다.

　그 쩨쩨함은 고대 그리스인들이 신의 품에서 벗어난 순간부터 인간

영국 로열 오페라 하우스. 무대를 마주한 객석의 펼침 각은 고대에서 근·현대로 올수록 대체로 좁혀
져 왔다. 극 몰입도가 높아질수록 관객이 극에 능동적으로 개입할 여지는 줄어든다. 이런 변화에서
현대인이 현실 세계, 상상 세계와 맺는 삼각관계의 양상을 엿볼 수 있다고 하면 지나친 것일까.

이 감당해야 했던 숙명이었을 것이다. 아폴론과 디오니소스의 후예들은 인간의 도시인 폴리스를 건설하자마자 앞서 누리던 신적 스케일에 비해 어처구니없이 옹색해진 내면, 그 일상의 쩨쩨함을 견디기 위해 '극장'을 지었다.

그렇게 우리는 내면의 허기와 앙탈을 달래기 위해 극장에 가고 또 백일몽을 꾼다. 그것이 꿈에라도 나타날까 두려운 악마의 하드고어일지라도. 이따금은 죽음과 같은 궁극적인 일탈을 꿈꾸다가 소스라치기도 하면서. 그럼으로써 우리는 은밀히 비극의 신도 되고 화려한 영웅도 된다. 떨어져도 줍기 싫을 만큼 스스로가 하찮아지는 현실의 한때를 그렇게 견딘다. 그 경험을 누구는 초월이라 하고, 탈주라고 하고, 감정 이입, 도취, 망각, 또 좀 심하게는 정신 분열이라는 병명을 갖다 붙이기도 한다.

일상이 쩨쩨하다는 것은 관심사가 쩨쩨하다는 의미다. 관심사가 쩨쩨하니 목숨 걸 일도 없다. 아니 쩨쩨하게 목숨을 걸어 목숨조차 쩨쩨하게 만든다고 해야 할까. 다시 말해 진부하고 너절하고 권태로운 일상을 견디기 위해, 요컨대 초월하기 위해 우리는 소설이나 영화, 연극, 게임, 음악, 스포츠 등 수많은 것들에 탐닉한다. 철학자 김진석 교수의 사유를 좇아 '포월抱越'이라 해도 좋다. 어차피 일상이란 초월의 대상일 수 없으니까. 다만 껴안고 안간힘 다해 기어서라도 넘어가야 하는 것이니까. 기진하지 않기 위한 잠깐의 도취, 비루한 일상을 흘겨서라도 응시하기 위한 거리 두기. 그래서 포월은 회피와 다르다고 한다. '쩨쩨함'이 불편하다면 '다양함'이란 그럴싸한 말로 감싸도 상관없다. 저 수많은 초월 기제의 변주들이 결국 '다양한' 일상의 반영이자 실재일 테니 말이다.

문명의 물길은, 자잘한 지류들을 아우르면서 거대하게 단순해지는 진짜 물길과는 반대로 상류로 거슬러 오를수록 명료해진다. 문명의 선배들이 하나로 뭉뚱그렸던 '극장'도 일상의 다양화와 함께 바쁘게 분화해 왔다.

흔히 우리는 극장을 카타르시스의 공간이라 부른다. 극장 문을 들어서는 순간, 우리는 일상의 세계를 홀연히 벗어나 상상의 세계로 도약한다. 그 순간 무대 조명 바깥의 어둠은 시선을 묶어 두려는 암흑의 커튼이 아니라 일상 너머의 거대하고 다채로운 모험을 약속하는 가능성의 공간이 된다. 우리를 감싸는 객석의 어둠은 내면의 자유, 그 일탈이 동반하곤 하는 염치를 따돌릴 수 있게 해주는 배려다. 건축학자인 임종엽 교수는 『극장의 역사』라는 책에서 극장을 "실재하면서도 현재성과 사실성을 자발적으로 상실하고자 하는 건축물"이라고 썼다. 관객들로 하여금 극장 공간 자체의 공간성을 부정하게 함으로써, 달리 말해 상상과 가상의 것들을 최대한 물리적 현실인 양 체험하도록 함으로써 초월과 도취와 망각의 도약을 꾀하는 모순 공간이라는 의미이다.

극장은 크게 무대와 객석, 준비 공간(분장실이나 대기실, 영화관의 영사실 등)으로 나뉜다. 저 책에 따르면 무대와 객석의 관계도 시대에 따라 달라져 왔다. 가령 인류에게 극장을 선사한 그리스인들은 무대를 마주하고 부채꼴처럼 꾸민 객석의 내각을 230도 정도로 펼쳤다. 230도는 누군가가 이야기를 시작할 때 그를 중심으로 청중이 모여 둘러싸는 인파의 형태와 아주 유사하다고 한다. 그렇게 모인 아테네의 자유시민들은 공연 중간중간 1만 8천 석(디오니소스 극장) 객석을 메운 이

그리스 에피다우루스(Epidaurus)의 원형 극장. 시기에 따라 형태와 기능은 조금씩 달랐지만, 고대의 극장은 공연 무대인 동시에 지배자의 욕망이 반영된 통치의 장이었다. 무대를 중심으로 객석이 동심원으로 배열된 극장은 마치 깔때기의 원리처럼 시민들의 영혼을 공동체적 관심 속으로 빨아들이는 형상이다.

웃들과 폴리스의 언덕을 타고 흐르며 조성된 마을의 골목길도 더듬어 보고 하늘과 지중해 물빛 위로도 시선을 던졌을 것이다. 그렇게 '극'이 느슨해진 자리에 관객들은 신의 존재와 공동체적 삶의 가치, 자잘한 일상의 상념들을 분방하게 버무렸을 것이다. 아폴론의 이성으로 지친 일상을 디오니소스의 열정으로 달래고, 열정의 광란을 이성의 균형으로 다독이면서.

구릉의 그리스와 달리 평지에 터를 잡은 로마인들은 객석과 무대의 높이 차이를 줄이고 객석도 반원 정도로 죄어 내부 공간의 느낌을 강화했다. 요컨대 관객의 시선을 통제했다. 이 같은 폐쇄성을 학자들은 제국 지배라는 정치적 요구가 반영된 것으로 해석한다. 관객으로 하여금 자의적 해석의 여지를 차단함으로써 극 몰입도(주입력)를 높이려 했다는 것이다. 로마는 점령지마다 광장과 함께 극장을 건설했고, 음악당(오데온)과 경기장(스타디움), 원형 투기장(아레나) 등 변형 극장들을 세웠다. 로마의 극장들은 제국 말기(4~5세기), 타락한 귀족 문화와 풍속의 음습한 배양지로 변질돼 갔다.

중세 천년을 지배한 기독 교회는 극을 악의 씨앗으로 규정짓고 공식적으로 이단시했다. 초월의 욕망은 오직 교회 안에서 기도와 종교극을 통해서만 허용됐다. 미심쩍은 몰입과 망각의 시도는 극장 무대가 아닌 재판의 무대, 화형대를 두려워하지 않는 이들만이 은밀히 도모할 수 있었다. 중세의 대중들이 길거리나 광장 가설무대Teatro Effimero(일명 하루살이 극장)에서 교훈적 도덕극이나 어릿광대 소극, 풍자극, 목가극이나마 즐길 수 있었던 것은 중세 말기에 이르러서라고 한다. 그렇게 중세 기독교 세계는 단 하나의 극장도 짓지 않았다. 현실을 과장하고 비틀고 꼬집고 전복하는 극은 그 자체로서 현실의 균열이다. 그 빈 틈으로 숨 쉴 수 있는 산소와 환기의 바람이 나고 드는 것이다. 극장이 사라진(혹은 폐쇄된) 세계는 숨 쉴 수 없는 세계다. 극장이 사라짐으로써 중세의 시공간 전체가 하나의 거대한 극장이 되었다고 말하는 이들도 있다.

문예 부흥의 기운과 함께 극장은 경쟁적으로 건설됐다. 르네상스 최초의 극장으로 꼽히는 이탈리아 올림피코 극장Teatro Olimpico(1585), 목조로 지어져 문헌으로만 남은 영국의 더 시어터The Theatre(1576), 셰익스피어 극장으로 더 많이 알려진 글로버 극장Globe Theatre(1599)……. 극장은 자유의 신장, 기술의 발전과 함께 쉼 없이 진화해 왔다. 극 내용이 다양해졌고, 극장 구조와 무대 장치도 개성적으로 분화하면서 현란해졌다. 바로크 시대에는 무대보다 사교의 로비 공간이 강조된 극장도 있었다고 한다.

극장 공간은 극 몰입도와 거리 두기의 사이, 정치·경제적 계산과 예술적 고집의 사이, 비용과 편의의 사이, 대세 순응과 반발의 사이를 오가며, 요컨대 대화하며 지금도 숨 가쁘게 변신하고 있다. 영화 산업이 탐욕스러우리만치 성장하면서 극장이라는 명칭이 영화관과 동의어가 되다시피 협소해졌고, 더 다양해진 극장들은 옹색해진 어의語義만큼 가난해졌다. 하지만 그래도 여전히 극장은 극장이다. 무대와 객석이 고전적으로 대면하는 공간들도 그 틈바구니에서 비극적으로 버티고 있다.

극장의 모태는 고대 그리스의 극장이다. 극의 자궁은 그리스 비극이고 그 씨앗은 디오니소스의 세례에서 왔다고 한다. 주신酒神 디오니소스는 주신主神 제우스를 아버지로 뒀지만 어머니가 인간인 탓에 그리스 12신 명단에 어떨 땐 들고 어떨 땐 쫓겨나는, 이를테면 '끗발이 애매한' 신이다. 신들과 인간들로부터 받아야 했던 서자(庶子) 신으로서의 설움과 격정은 인간 일반의 존재론적 결함(hamartia)의 은유일 것이다. 그리스 비극 작가 에우리피데스는 『바코스의 여신도들』에서 예언자 테이레시아스의 입을 빌어 디오니소스적 비극의 원체험과 그 굴레를 초월, 망각하고자 광란의 축제를 벌이는 키타이론 숲의 여인들(디오니소스의 여신도들)을 역성든다. "디오니소스가 어떻게 여인들을 억지로 취하게 했겠습니까? 자신들 안에 그러한 도취가 간직되어 있는 것이죠."

재즈 뮤지션의 흔적을 따라 미국 전역을 방랑하면서 엄청난 사건들을 해결해 가는 영웅 잭 리처를 만들어 낸 영국 출신 하드보일드 작가 리 차일드는 『추적자』라는 책에서 이렇게 말한다. "세계 최고의 오디오는 공짜다. 그건 머릿속에 있다. 원하는 만큼 좋은 소리를 낸다. 원하는 만큼 큰 소리를 낸다." 하지만 스스로 주인공도 되고 극장도 돼야 하는 현실이 과연 바람직할까. 이 사회가 스펙터클의 사회이고, 세상 전체가 극장과 다를 바 없다는 말도 있다. 그 말은 역설적으로 극장의 왜소화와 극장 없는 사회의 묵시록 같은 것일지 모른다.

흡연실

'멸종 위기종'이 내몰린
최후의 도피처

2012년 일본 도쿄에 등장한 유료 흡연소의 사진을 보고 받은 첫 느낌
은 기괴한 쇼윈도나 전시 공간 같다는 거였다. 사교나 휴식의 기미라
고는 찾아볼 수 없는 삭막한 투명 밀폐 공간. 상상 속에서 유리 벽을
콘크리트나 불투명 아크릴로 바꾸고 거기에 샤워기를 몇 개 단다면
느낌은 한층 섬뜩해진다. 나치의 상상력이 그와 흡사하지 않았을까.
　물론 유료 흡연소는 자발적이고 임시적인 유폐 공간이다. 목적은 간
명하다. 목마른 러너가 물을 마시듯이 흡연자가 담배 연기를 마시게
하자는 것. 사진 속에 담긴, 이용자들의 표정 없는 얼굴은 유리 벽 너
머 거리의 시민들 즉 구경꾼의 시선 앞에서 움츠러드는 자존감을 지
키려는 가면인 듯도 했다.

담배라는 존재, 흡연이라는 습관이 처한 모진 현실은 현대 문명사회의 많은 아이러니를 상징적으로 보여 준다. 거기서 우리는 자본주의 국가 권력의 모순과 위선을 볼 수 있다. 또 국가와 개인, 공동체 구성원의 권리와 의무, 자유라는 보편 가치의 상충하는 여러 양상들을 살필 수도 있다. 저 음울한 공간이 던지는 질문에 국가는 떳떳하게 답한 적이 없다.

사진의 앵글 너머 시민들의 반응은 어떠했을까? 위험한 존재들의 격리 공간을 보듯 신기해하며 훔쳐볼까? 타락한 취향에 대한 혐오와 연민을 감추며 교양을 발휘해 외면할까? 두어 세기 전 구미 여러 나라의 '고상한' 백인들이 대서양 너머에서 '포획'해 온 한 검은 피부의 숙녀(호텐토트의 비너스)를 관람하며 인종적 우월감을 만끽하던 때의 표정들과는 또 얼마나 다를까? 아니면 저 모든 불편한 생각들이 주눅 든 한 흡연자의 과도한 피해 의식에 불과한 것일까?

유료 흡연소의 상업적 실험이 성공한다면, 그래서 후발 업소들이 잇달아 생겨 저 공간이 길모퉁이의 공중전화 부스나 휴지통처럼 범상한 일상의 그것으로 자리잡게 된다면, 호객 경쟁의 효과로 공간 인테리어나 실내 분위기가 조금은 우호적으로 바뀔지 모른다. 아니면 가격 경쟁이 심화해 더 삭막해질 수도 있다. 분명한 것은, 지금도 충분히 삭막해 보이는 저 상징적 뉴스 공간이 멸종 위기종에게 허락된 동물원의 우리처럼 흡연자와 비흡연자의 아슬아슬한 공존 가능성을 실험하고 있다는 것이다. 그 실험 형식은 윤리적으로도 아슬아슬해 보인다.

흡연(자)에 대한 사회적 배타는 꽤 오래전부터 진행돼 왔다. 그게 근년 들어 세차졌다. 안에서 바깥으로, 공원으로 거리로, 끝간 데 없는 금연 공간의 확장이 가장 표나는 변화다. 지방자치단체들은 경쟁이라도 하듯 잇달아 금연 조례를 제정했고, 한 재벌 기업은 사옥 담장을 넘어 반경 1km 이내까지 금연 구역을 확장하기도 했다. 회사가 직원들의 사생활에까지 저렇듯 거침없이 개입하는 것은 예상되는 일각의 잡음쯤은 가볍게 진압할 수 있다는 윤리적 자신감이 있기 때문일 것이다. 오랜 세월 흡연자들이 염치없이 누려 온 사회의 관용은 사리 물때의 서해 썰물처럼 빠르게 잦아들고 있다.

아파트 베란다는 흡연자들이 즐겨 찾는 공간 가운데 하나다. 주거 건물의 베란다는 일종의 전이 공간, 매개 공간이다. 건물의 안도 바깥도 아니면서 안과 바깥을 이어 주는, 이 감각적 소통의 공간은 언젠가부터 거실이나 방으로 확장되거나 풀·꽃·야채 등이 자라는 실내 정원으로 전용되면서, 이를테면 적극적인 '일상의 공간'으로 포섭되면서 서둘러 흡연자들을 쫓아내고 있다. 대개 부엌과 이어지는 뒤쪽 베란다 역시 이웃 층 주민들의 민원과 아파트 자치회의 '금연 아파트' 선언에 직면해 더 이상 마음 편한 공간이 아니고, 치안 등을 이유로 옥상마저 일찌감치 폐쇄되면서 흡연자들은 단지 바깥 거리로, 구석으로 한없이 내몰리고 있다.

사무 빌딩의 흡연 공간은 더 희귀해졌다. 도심의 웬만한 빌딩치고 금연 빌딩으로 지정되지 않은 곳이 없고 '흡연실'도 사라진 지 오래됐다. 관리(감시)가 느슨한 비상계단 난간 정도가 드물게 남은 회사원들의 흡연 공간인데, 그나마도 계단이 외부의 시선으로부터 차단된 경우에 한해서다. 그런 공간은 대개 볕이 안 들어 어둡고 에어컨 실외기 소음과 열기로 시끄러운, 말 그대로 비상非常 공간이다.

멋과 자유와 관능의 이미지로 우쭐거려 온 담배가 실은 음흉한 '살인마'였던 사실이 폭로된 것도 오래전 일이다. 방대한 임상 자료와 과학 데이터를 통해 충분히 입증된 흡연의 생물학적·환경적·보건경제학적 폐해를 부정하거나 흡연을 옹호하는 것은 이제 사회적·인격적 자살을 각오한 자만이 누릴 수 있는 만용이 됐다. 하나마나 한 가정이겠지만, 담배의 어떤 미지의 성분이 건강과 수명 연장에 획기적으로

바람이 통하지 않는지 담배 연기가 흡연자 주위를 떠다닌다. 갓 피어난 연기가 떠오르는 것은 연기가 지닌 열기 때문이다. 덧없는 열기가 식으면 연기는 가라앉아 차곡차곡 쌓이고, 어떤 몸짓에 휘저어져 떠오르기도 하면서 서서히 늙어 갈 것이다. 연기의 폐허 위에 떠 있는 환풍구는 늘 너무 멀거나 미약하다. 사회가 허락한 흡연 공간 대부분이 어쩌면 그런 곳들이다.

기여한다는 새로운 연구 결과가 나오지 않는 한 그 상황이 달라지긴
힘들 것이다.

그리고 미국 코넬대 불문과 교수인 리처드 클라인이 1993년 출간
한 『담배는 숭고하다』는 논리적·윤리적 긴장과 품격을 유지하면서 담
배와 흡연을 옹호한 마지막 저술로 기록될지 모른다. 문학, 철학과 영
화 등 다양한 문화 텍스트를 인용해 가며 "흡연에 부여된 많은 유익과
쾌락, 지혜와 아름다움을 검토"한 이 책에서 그는 담배는 "역설적으로
숭고한 존재"이며 "결코 악마시되어서는 안 된다"고 주장한다.

> 담배는 아름답기는 하되, 긍정적으로 아름다운 것은 아니다. 그러나 칸
> 트가 '부정적인 쾌락'이라고 부른 것을 제시해 주는 마력을 지니고 있다는
> 점에서 담배는 숭고하다고 볼 수가 있다. 여기서 '부정적인 쾌락'이란 영원
> 이라는 것에서 파생하는 어둠의 아름다움과 고통의 쾌락을 의미한다. 담
> 배의 무한한 매력은 흡연가들이 재빨리 반하게 되는 그 '나쁜' 맛에 있다고
> 해도 과언은 아니다. 원칙적으로 말해서 담배가 숭고하다고 할 때, 그 '숭
> 고함'은 건강이니 유용성이니 하는 견지에서 논의되는 것을 거부한다. 애
> 연가나 흡연의 초보자들에게 위험을 경고하는 것은 그들을 보다 강력하게
> 심연의 벼랑으로 유혹하는 일이다. 그들은 담배를 빨아들일 때마다 작은
> 공포감에서 시작된 죽음에 대한 두려움을 갖는 동시에 미묘하고도 멋진
> 것에 의해 스릴을 느끼게 되는 것이다.

클라인은 책에서 시종일관, 애연가들이 담배에 집착하는 것은 '담배
의 유해성 때문'이며 "(담배가) 비록 건강에는 해롭지만 위대하고도 아

름다운 문명의 도구"임을 끈질기게 주장한다. "(이런 견지에서) 담배를 포기하는 행위는 삶이 단순히 존재하는 것만이 아니라는 점에서 '슬픔의 원인'이라는 관점으로 접근해야 한다. 담배를 끊을 때 사람들은 자신들의 삶에 있어서 너무나 황홀하게 아름다운 무언가를 — 아니 어떻게 보면 누군가를 — 잃어버리게 되었다는 상실감에 서글퍼할 것이다." 하지만 역설적이게도 그는 이 담배에 대한 찬가를 쓰면서 완전히 금연했다고 서문에 썼다. 그리고 오늘날의 애연가들은 클라인과 같은 그럴싸한 변호인조차 없이 전방위적 금연 압박에 내몰리고 있다.

담배의 유해성을 알고, 간접흡연의 해악을 이해하는 것과, 그럼에도 불구하고 흡연자들이 심리적 반감 혹은 저항감을 느끼는 것은 다른 층위의 문제다. "그렇다고 이리 심하게, 쥐 잡듯 몰아붙여도 되는 거냐"는 거다. 못 끊는 게 다 내 탓이냐, 마약이라면서 만들게 하고 또 사고팔게 하면서 막대한 세금을 챙겨가는 국가는 뭐냐, 게다가 가족과 이웃의 생명까지 위협하는 이기적인 파렴치한이라니……, 알고 보면 나도 희생자다 등등. 저 저항감의 바탕에는 금연 자체에 대한 반감 못지않게 금연 압박 방식에 대한 반감도 깔려 있다.

아닌 게 아니라 1990년대 이후 전방위적으로 전개돼 온 금연 운동 양상은 1950~1970년대의 전 국민 쥐잡기 캠페인과 흡사하다. 서식지 일소, 보건 및 사회경제적 해악 홍보, 포획 포상(벌금) 등이 그렇다. 쥐의 몸통에 붉은 빗금을 그어 놓은 '쥐 잡는 날' 홍보 포스터에서 쥐를 담배로 바꾸기만 하면 그대로 오늘의 금연 포스터가 된다. 인과因果의 초점과 책임 소재를 흐리는 자리에 흔히 등장하는 "나도 희생자"라는 항변이 이 경우 그리 불합리한 억지는 아니다.

해악이 덜 알려졌던 시절, 의사들은 담배를 만병통치약처럼 처방했고, 지방자치단체들이 세수 증대를 위해 '내 고장에서 담배 사기' 캠페인을 벌인 것도 그리 먼 과거의 일이 아니다. 백해무익하다는 담배의 가격(담배소비세) 인상을 놓고 세수와의 함수 관계를 저울질하는 국가의 이중성은 또 어떤가. 2014년 4월 국민건강보험공단이 KT&G와 필립모리스코리아, BAT코리아 등 3개 담배 제조 회사를 상대로 537억 원의 손해 배상 청구 소송을 제기하기까지, 국가 재정 부처와 여타의 기관들이 국민건강보험공단의 조처에 대해 우려하고 반발한 것은 또 어떻게 이해해야 할까. 물론 흡연자를 희생자라고 동정하긴 어렵지만, 이 모든 논쟁적 풍경 자체가 문화와 역사가 빚은, 아직 덜 끝났고 또 어쩌면 끝나지 않을 희비극의 한 장면으로 여겨지는 것도 사실이다.

담배의 유·무죄를 (의)과학의 판단에 전적으로 맡겨 에누리 없이 절대악으로 짓밟는 것은 부당하다는, 다소 낭만적인 항변도 있다. 담배를 안 피우는 가수 김광석의 「서른 즈음에」는 매력이 덜했을 것이고, 샤론 스톤에게 담배가 없었다면 영화 「원초적 본능」의 관능적 장면은 맥이 빠졌을 것이다. 초상화와 사진으로 기억되는 시인 이상과 김수영, 담배와 술 심지어 아편과 해시시에 의지하며 그 환각의 힘으로 현실의 불안과 세기말의 절망에 맞섰던 보들레르와 에드거 앨런 포도 있다. 담배를 끊은 뒤에도 시가를 지니고 다니면서 사진 기자가 나타나면 꺼내 물곤 했다는 영국 총리 처칠, 쿠바와의 통상금지 조치 직전 워싱턴 시내의 쿠바산 시가를 매점했다는 시가광 존 F. 케네디, 국교 단절 전 그 케네디를 회유하기 위해 시가 한 상자를 선물했다는 체 게바라도 있다. 만성 천식에 폐기종 진단을 받고도 시가를 탐닉했던 게바라는 의사에게 애원해 '하루 딱 한 대'라는 허락을 얻어 낸 뒤 터무니없이 긴 특제 시가를 주문 제작해 즐겼다고 한다.

"'에이 씨발~'이라고 뱉어 줘야 할 상황에서 '아이 나빠~'라고 해서는 의미를 제대로 전달할 수 없죠. 담배도 그런 것이죠." 한 지인은 "담배에는 똑 부러진 세상에 발맞추기 거부하는 이들의 항변 같은 의미도 있는데 무조건 막는 것은 웃기는 발상"이라고, "인생의 슬픔과 절망과 타락과 유혹의 자리마다 함께했던 담배의 역할까지 부인하고 추방하는 건, 좀 철없어 보인다"고 말했다. 그의 생각을 '웃기고 철없다'고 말할 이가 훨씬 많겠지만 그 두 입장 사이에는 결코 웃어넘길 수 없는, 인류가 오래 고민해 온 철학적 선택의 문제가 내포돼 있다고도 할 수 있다.

마약 복용 혐의로 체포된 뒤 프랑수아즈 사강이 했다는 저 유명한 말—나는 타인에게 해만 끼치지 않는다면 내 자신을 파멸시킬 권리가 있다—은 자유주의 논쟁의 역사가 기록해야 할 중요한 한 국면을 떠올리게 한다. 헤겔과 그의 추종자들이 (적극적) 자유를 옹호하며 '개인이 자아실현을 위해 특정 자원이 필요할 때 그 자원을 확보할 수 있도록 자원과 행동의 기회를 보장하는 것이 자유'라고 정의한 데 대해 현대의 (소극적) 자유주의자들은 '자유와 자아실현은 별개의 것이며, 사람은 자신이 좀 더 높게 평가하는 목표를 위해서 자신이 누릴 자아실현의 기회를 희생하는 길을 자유롭게 선택할 수도 있다'고 주장한다.

금연 운동이 폭발적인 동력을 얻게 된 것은 간접흡연의 폐해가 적극적으로 부각되면서부터다. 간접흡연의 해악은 흡연론자들이 의지해 온 소극적 자유론에 위력적인 재갈을 물렸다. 혐연의 자유가 흡연의 자유에 우선한다는 대법원 판례도 있다.

하지만 그것을 곧장 흡연권을 부정하는 논리로 잇는 것 또한 폭력적이다. 흡연 장소를 없애면 불편해서라도 끊겠지 하는 식의 발상은 '모두를 위한다'는 그럴싸한 치장에도 불구하고 근원적으로는 소수에 대한 억압이다. 가령 서울 남산 전역을 금연 공간으로 지정하면서 흡연소를 설치하려던 당초 계획을 전면 백지화해 '청정 공간화'한 서울시 결정의 배후에 소수의 흡연권은 무시해도 좋다는 편의적 발상과, 좋은 것은 옳은 것이고 옳은 것이면 강압적이어도 된다는 폭력의 그림자가 어룽거린다.

흡연(권)자들은 연간 7, 8조 원에 이르는 담배 관련세와 건강증진기금 일부를 헐어 간접흡연의 해악을 없애거나 최소화할 수 있는 시설과 장치를 개발할 것을 정부에 요구해 왔다. 그것이 다수를 명분으로 소수를 억압해 온 민주주의의 편리한 관행이자 병폐를 극복하는 길이고, 자가당착에 빠져 있는 국가와 지방자치단체가 흡연자에게 보여야 할 최소한의 배려라는 것이다. 흡연 장소를 설치하는 것을 흡연을 권장하는 것과 혼동하는 이가 있다면, 그 역시 국가가 설득할 일이다. 그리고 또 하나. 『굿바이 니코틴홀릭』의 저자이기도 한 금연 전문 상담의 김관욱 박사의 조언, 즉 "금연 운동은 담배에 관한 의학적 측면은 물론 역사적·사회적·문화적·경제적 측면까지 깊이 있게 성찰할 때에만 비로소 인류를 더욱 행복한 길로 유도할 수 있을 것"이라는 말도 귀담아들어야 할 것이다.

그렇게 생각이 뻗어나가다 보면, 일본의 삭막한 유료 흡연소는 철조망 세우고 덫 놓는 것을 능사로 아는 국가나 지방자치단체의 안이한 금연 정책을 겨냥한 통렬한 풍자의 공간 같기도 하다.

커 피 숍

대중화와 고급화의 역설이
엇갈리는 공간

현대의 도시는 '계획'의 산물이다. 경계가 그어지고 도로가 그려지고
수용 인구 계획에 따라 아파트가 건설되고……, 입주 시점에 맞춰 관
공서나 학교 같은 공공시설들이 스케줄에 따라 문을 연다. 대형 근린
상업시설들은 초기 입주민들의 불편이 적당히 고조될 무렵 본격적인
영업을 시작한다. 그 전위는 대개 은행이다. 아파트 담보 대출 상품을
팔기 위해 급조된 출장소 대신 정식 지점이 열리고, 대형 할인매장이
생기고, 김밥천국 같은 간이음식점과 빵집이 들어선다.
　교통 결절점에 주막이 생기고 주모의 맵시와 음식 솜씨가 그럴싸하
다는 소문이 돌면 장꾼들이 몰리고, 장이 서고, 살림집들이 하나둘 숫
기 없이 들어서면서 차츰 마을 꼴을 갖춰가던 옛날과 달리, 술집이나

도시에 살면서 커피(카페인)가 간절해질 일은 드물다. 그럴 때라도 한두 모금이면 결핍감은 대개 가신다. 어쩌면 우리는 카페인이라는 물질에 중독된 게 아니라 커피숍이라는 공간과 각자가 상정하는 그 공간 특유의 분위기에 중독된 게 아닐까 싶어지기도 한다.

여관 같은 유흥업소나 그럴싸한 대형 음식점은 도시 공간이 어느 정도 안정화한 뒤에야 등장한다. 가구들이 새 집에 제자리를 잡고 사람들도 출퇴근길, 등·하굣길에 웬만큼 익숙해진 뒤에야 유흥업소들은 주민들의 생산과 소비 동선에서 너무 멀지도 가깝지도 않은 자리를 찾아 네온사인 간판을 건다. 삭막하고 을씨년스러운 밤의 베드타운은 그 네온사인 조명 안에서 도시로서의 화사함을 완성한다. 그러므로 유흥 타운의 구축은 도시의 외형적 완성이고, 업소들의 초기 영업 수지는 도시 계획의 성패와 도시의 성장 가능성을 판별하게 해주는 지표가 된다. 술집은, 겉으로도 속으로도, 도시의 밤의 심장이다.

반면 커피숍은 낮의 동선을 맺고 풀면서 도시의 생태학을 세련되게 완성하는 실핏줄 같은 공간이다. 물론 도시의 혈류를 책임지는 공간은 다양하다. 대학이나 특정 업무 타운 등 도시에 개성을 부여하는 시설들이 그렇고, 극장·학교·공공도서관·할인매장 등도 그 역할을 한다. 그것들은 대개 도시의 섭생을 지탱하는 생태학적 필수 공간들이다. 대신 커피숍은 혈류의 큰 흐름들을 매개하고 보완하면서, 스쳐 흐르는 사람들의 온기와 표정을 머물게 하고 교류하게 한다. 커피숍은 잉여의 공간이지만, 비타민과 같이 도시의 낮에 생기를 부여한다. 입주 날짜를 기다리며 들뜬 부부가 휴일 나들이 삼아 낯설고 창백한 신도시 공간을 둘러보면서 속절없이 심란해하다가도 간선 도로변의 넓고 목 좋은 건물 외벽에 내걸린 대형 프랜차이즈 커피숍의 개점 예정 안내 간판을 만나면서 내심 위안을 얻는 것도 그런 까닭일 것이다. 편의점이나 유명 빵집 또는 아이스크림 가게 간판들이 줄 수 없는 그 위안은, 커피숍이 들르는 공간이 아니라 머무는 공간이라는 점과 무관하지 않을 것이다.

사회학자 앤서니 기든스는 사회학도의 필독서인 『현대사회학』의 제
1장에서 C.W. 밀스Charles Wright Mills의 '사회학적 상상력' 개념을 설명
하며 커피를 예로 든다. 사회학적 상상력이란 어떤 현상에 대해 개별
적 습관이나 일상의 타성으로부터 거리를 두고 바라봄으로써 그 안에
담긴 더 커다란 맥락을 바라볼 수 있도록 하는 학문적 방법론이자 삶
의 방법론이다. 밀스는 커피를 마시는 행위가 커피 자체보다는 만남과
대화의 의례, 즉 사회적 상호 작용의 한 형태로서 살펴볼 수 있고, 카
페인이라는 마약에 대한 한 사회의 입장 차이(어떤 나라는 마리화나는 용
인하면서 커피나 알코올은 거부한다)가 생기는 문화적 연원을 살펴볼 수
도 있고, 커피가 상품으로 유통되는 과정을 통해 세계가 사회적으로
또 경제적으로 맺게 되는 관계를 연구할 수도 있다고 했다. 커피의 역
사, 즉 서구 식민지의 확장기와 커피의 전 지구적 대량 소비의 메커니
즘, 그리고 선호도에 따른 소비자의 개성을 살펴볼 수도 있는데, 가령
유기농 커피를 선호하는지 공정거래 커피를 좋아하는지, 스타벅스와
같은 법인회사 커피를 좋아하는지 독립적인 소규모 커피전문점 커피
를 마시는지의 차이도 사회학적 상상력이 천착할 수 있는 지점이라고
그는 설명했다. 물론 중요한 것은 그의 주장 자체가 아니다. 나는 그가
사회학적 상상력의 개념을 설명하기 위해 커피라는 문화 상품과 커피
숍을 예로 든 것이 예사롭지 않다.

커피숍에 대한 인식(인상)은 공간의 개성들과 개인의 취향에 따라
다양하고 판이할 수 있다. 커피숍이 어떤 공간이냐고 묻자 한 동료는
"못 할 것이 없는 공간"이라고 했고, 또 한 동료는 "갈 데가 있어서 다

행이다…… 싶게 해주는 공간"이라고 했다. 누구는 "카페인이 간절히 당길 때" 간다고 했고, 누구는 "카페인을 간절히 원하는 누군가가 가자고 할 때" 따라간다고 했다. 누가 "약속 장소로 커피숍만한 데가 없다"고 하자, 누구는 "안 마시고 바로 나와도 되고……"라며 맞장구쳤다. "급히 처리할 일이 있어서" 가는 사람도 있고, "마땅히 할 일이 없어서" 가는 사람도 있고, "수다 떨고 싶을 때"도 가고 "혼자 있고 싶을 때"도 가는 곳. 브런치 같은 간단한 식사에서부터 휴식과 토막잠, 연애, 잡담, 일, 공부, 토론, 음악, 영화감상 등 커피숍은 단위 공간으로는 독보적이라 할 만큼 어마어마한 수요를 충족시켜 주는 공간으로 자리 잡았다. 몇 년 전 한 다국적 커피 프랜차이즈 업체가 한국 시장을 본격적으로 공략하기 시작하면서 내건 '제3의 공간'이라는 캐치프레이즈는 그렇게 완벽하게 실현되었다. 그럼으로써 과거 우리가 만남의 거점으로 익숙하게 이용하던 '○○건물 앞'이나 '○○빵집', '○○다방' 등을 제압하고, 집과 일터를 매개하는 거대한 사이 공간의 상징 이미지를 거머쥐었다.

『가비에서 카페라테까지』라는 책에는 1960년대 한 신문에 실린 '다방 에티켓'이 소개돼 있다.

다방에서는 대개 음악 소리가 나고 있어, 이에 따라 말소리가 커지기 쉬운데 그렇다고 옆의 박스에까지 들리도록 큰 소리로 얘기하고 웃는 일은 삼가야 한다. 차를 얼른 가져오지 않는다고 큰소리를 지르는 것과 옆의 박스에 있는 다른 사람들을 힐끔힐끔 쳐다보는 것은 남의 응접실을 넘겨보는 것과 마찬가지이므로 이 모두가 다 자신을 천하게 보일 따름이다. 그리고 다방에 너무 오랜 시간 앉아 있는 것은 마담이나 레지의 눈총을 맞게 되지만 차 주문을 너무 서두르게 되어도 촌스럽게 보인다.(매일경제, 1967. 7.4)

그런 다방들이 사이 공간의 주역에서 서서히 퇴장하기 시작한 것도, 지금의 커피숍들이 '다방'이 아닌 '커피 전문점'이라는 이름으로 스스로를 차별화하며 손님으로 하여금 고양된 취향을 자부할 수 있게 해준 것도 1980년대 들면서부터다. 거기에는 70년대 후반 시판된 커피믹스와 커피 자판기가 그즈음 대중화한 영향도 있을 것이다.

하지만 커피숍이 대세를 장악한 것은 90년대 이후라고 해야 한다. 1999년 7월 스타벅스가 이화여대 앞에 첫 매장을 열면서 판도는 프랜차이즈 커피 중심으로 재편됐다. 원두커피의 인기와 프랜차이즈 경쟁으로 커피숍은 어느새 서울 지방 할 것 없이 지천으로 들어섰고, '다방'은 제 희소성과 향수의 취향을 애써 부각시키거나 아예 변칙적인 유흥의 변방으로 은신했다. 한 민간 연구소 조사 결과, 전국의 커피숍은 2006년 1,254곳에서 이듬해 2,305곳으로 늘었고, 2년마다 2배씩 늘면서 2011년 이미 1만 곳을 넘어섰다. 업계 종사자들은 아마 2만 곳에 육박하고 있을 것으로 추정하고 있다. 이제 오지의 바닷가에서도 어렵지 않게 자신이 원하는 산지의 커피를 골라 마실 수 있고, 해발 고도 1천 미터가 넘는 지리산 성삼재 입구에서도 유명 체인점 커피를 마실 수 있게 됐다.

한국인의 커피 애호는 다국적 커피업계조차 놀랄 정도라는 사실도, 커피숍이 이미 포화 상태를 넘어섰다는 사실도, 이미 새로운 소식은 아니다. 한 경영연구소의 2012년 보고서에 따르면 관세청 집계 결과

원두 수입량은 2011년 약 13만 톤으로 2007년 9만여 톤보다 43% 넘게 증가했고, 금액으로는 2억 3천 1백만 달러에서 7억 1천 7백만 달러로 3배 넘게 늘어났다고 한다. 2011년 대한민국 20세 이상 국민은 1인당 평균 338잔의 커피를 마셔 무려 4조 3천 7백억 원대의 시장을 형성하고 있다.

홍콩에 사는 한 지인은 "점심 먹고 습관적으로 커피숍 가고, 사람 만나면 약속이나 한 듯 커피숍 가는 게 이상하다"고 했다. 홍콩 시민들은 대부분 한 자리(대개 식당)에서 느긋하게 밥 먹고 담소까지 나눈 뒤 일어선다며, 한국 사람들은 커피숍이 이렇게 많아지기 전에는 밥 먹고 뭐했는지, 낮에 친구 만날 때는 어디서 어떻게 만났는지 궁금해했다. 그는 '습관적 낭비'나 과시를 은근히 꼬집고 싶은 눈치였다. 재무설계사들이 즐겨 인용하는 '라테 효과'라는 것도 있다. 하루 커피 한 잔을 덜 마시면(혹은 담배 한 갑을 덜 피우면) 10년 뒤에 얼마의 목돈을 쥐게 된다는 식의, 트집 잡기 애매한 수학적 진실들. '커피의 유명세'라 해도 좋을 그런 지적들은 늘 가난한 호주머니와 불안한 미래를 환기시키고, 또 심심찮게 보도되는 커피 원가^{原價} 시비나 품질, 서비스 불만 등 반발심과 겹치면서 반짝 호응을 얻을 때도 있다.

하지만 저 지적들이 일반화하기 힘든 진실 위에 서 있다는 점도 분명하다. 커피 한 잔 값이 대학생 아르바이트 시급보다 비싸다지만, 예컨대 실용적으로만 보더라도 서너 시간, 길게는 대여섯 시간씩 머물며 자유롭고 쾌적하게 뭐든 할 수 있는 공간을 사는 그 비용과 삭막한 도서관의 공짜 시설을 비교하는 것은 억지스럽다. 비용 급부의 득실과 훈계의 옳고 그름을 떠나 커피 한 잔의 여유 혹은 사소한 사치에조차

'분수'를 들이대며 시비 거는 사회의 위선에 대한 반감도 없지는 않을 것이다.

커피의 기원을 전하는 책들마다 언급하는 '칼디kaldi의 전설'이라는 게 있다. '칼디'라는 에티오피아의 한 목동이 어느 날 염소들이 붉은 열매(커피)를 따먹은 뒤 표나게 생기를 보이는 걸 보고 자신도 먹었더니 피곤이 가시고 정신이 맑아지더라는 이야기로, 그 사실을 알게 된 수도승들이 기도 중에 졸음을 쫓기 위해 애용하게 됐고, 훗날 오스만 튀르크(현 터키) 제국에 의해 음료로 정착하게 됐다는 것이다. 기원이 분명치는 않으나 커피 역시, 담배 등 다른 기호품과 마찬가지로 초기에는 모호한 약성藥性과 매혹적인 향기로 하여 신비로운 물질로 여겨졌을 것이다. 흥분·각성 등의 기능적 물질에서 기호품으로, 이제는 어엿한 문화적 존재로 자리잡았지만, 효능을 둘러싼 다양한 긍정적·부정적 연구 결과와 정보들이 지금도 심심찮게 소개되는 것을 보면 인류는 아직도 커피의 실체를 충분히 파악하지는 못한 듯하다.

하지만 커피가 몸에 좋든 궂든, 카페인 함량과 칼로리 따지지 않고 오직 커피가 좋아서 마시는 '마니아'들이 점차 늘고 있는 것도 엄연하다. 커피는 비약적으로 고급화하고 커피숍은 늘어났지만, 그런 이들이 원하는 커피를 마실 수 있는 커피숍은 점점 줄어들고 있다는 흔한 역설, 아니 대중화의 정설이 그들은 못마땅할지 모른다. 소수의 커피마니아들 사이에서 에스프레소 맛이 빼어나다거나 독특하다는 평을 얻고 있는 서울의 몇 안 되는 커피숍들은 대개 일 삼아 찾아가야 하는 동네로 밀려났고, 맛으로 그 명성을 확인하고 원액 추출 장비와 드립 요령을 견학(?)하려는 손님들로 하여 교실처럼 진지하거나, 고급 취향을 공유한 소수 단골들의 아지트마냥 배타성을 띠기도 한다. 일부 마니아들은 이제 로스팅이든 핸드드립이든 원두의 신선도든 한두 분야의 내로라하는 경쟁력과 차별성을 갖춘 커피숍들이 늘어나면서 맛과 품질을 놓고 프랜차이즈 커피숍들과 경쟁하는 시대가 올 것으로 내다보기도 한다. 커피숍이 공간적 의미보다는 상품, 즉 커피 맛이라는 본질적인 요소가 중시되는 시대가 돼가고 있는 것만은 분명해 보인다. 커피에 대한 비용과 효용, 기회비용 평가에는 저렇듯 분석될 수 없는 복잡한 의미들이 누락돼 있다.

슈퍼블록들이 아니라 지름길과 삐뚜름한 골목들이 얽혀 있어 동선의 선택폭이 넓은, 그래서 자주 나타나는 길모퉁이에서 도시민들의 자연스러운 만남이 이루어지는 신도시, 요컨대 '오래된 미래'가 구현된 계획도시가 우리에게는 아직 없다. 도시 생태학자 제인 제이콥스가 『미국 대도시의 죽음과 삶』이라는 책에서 건강한 도시의 지표로 제시한 다양성과 활기는 딱딱한 나무나 철제 의자로 수백 석씩 갖춘 대형 프랜차이즈 커피숍이 아니라 길모퉁이의 작고 개성 있는 커피숍들에서 더 왕성하게 뿜어 나오지 않을까. 또 레이먼드 챈들러가 『빅 슬립』에서 자신이 창조한 하드보일드 영웅 필립 말로를 유비(類比)했던 그런 커피도 아마 그런 커피숍에서나 맛볼 수 있을 것이다. "진하고, 강하고, 쓰고, 끓을 정도로 뜨거우며 가차없고 타락한 커피. 지쳐버린 남자의 인생의 피."

편 의 점

인스턴트 라이프의
경이로운 요약

도시가 짐승의 시간을 빼앗아 버린 것은 전깃불을 얻으면서부터다. 사람들은 빛과 함께 일상의 시간과 공간을 확장했지만, 어둠과 그 어둠이 감싸고 있던 숱한 매혹의 비밀들을 잃어버렸다. 쫓겨난 어둠은 제 몸을 잘게 찢어 순하고 조금은 허술해 보이는 사람들의 마음 구석으로, 제가 품었던 자잘한 비밀들까지 거느린 채 짐승처럼 스몄다. 그리고는 아주 늦은 밤 혹은 새벽, 흥성한 주육酒肉의 밤이 지고 아침이 열리기 전 그 짧은 시간 동안, 약속이나 한듯 한꺼번에 몰려 나와 자신들만의 은밀한 축제를 열고, 오래 묵힌 비밀 이야기들을 두런두런 펼친다. 도시의 밤은 그 순간 기적처럼 어두워지고, 축제에 초대된 사람들의 마음은 조금 더 허술하고 넉넉해진다. 그러니 도시가 어둠은 모두,

24시간 편의점은 365일 무휴다. 단골 식당들도 문을 닫은 연휴 동안, 이런저런 사연들로 하여 고향을 못간 이들에게 동네 편의점은 아주 특별한, 사소한 공간이다.

또 아주 잃어버린 것은 아니었다.

　도시의 그 짧은 동화의 밤을 지켜보는 공간. 꺼지지 않고 꺼질 수 없는 욕망처럼 고독하고 창백하게 서서 어둠을 더욱 어둡게 지켜 주는, 그럼으로써 어둠과도 불화하지 않는 투명한 빛의 공간이 있다. 24시간 편의점이다. 극작가 콜테스Bernard-Marie Koltès는 "무언가를 사고자 하는 자의 욕망은 더할 나위 없이 쓸쓸한 것"이라고 했지만, 그 욕망을 고독하게 기다려야 하는 자의 욕망도 덜 쓸쓸하지 않을 것이다. 욕망하는 무엇도 말하지 못하는 손님과 욕망할 만한 무엇도 제안하지 못하는 딜러가 오직 욕망의 존재로 만나 독백과도 같은 장황한 넋두리를 펼쳐 놓는, 희곡 『목화밭의 고독 속에서』의 그 공간처럼 우리는 딱히 갖고 싶은 뭔가도 없으면서 늦은 밤 홀린 듯 24시간 편의점 안으로 들어서곤 한다. 욕망이 귀찮은 짐처럼 느껴지는 순간, 그 욕망은 채워야 할 허기가 아니라 때워야 할 균열이 된다.

　"심야 손님 열에 아홉은 담배나 맥주 손님이에요. 아니면 컵라면이나 아이스크림. 매상도 얼마 안 돼요. 어떨 땐 밤새 제 시급도 못 벌 때가 있어요."

　심야 아르바이트 두 달째라는 청년의 말이 아니더라도, 또 굳이 심야가 아니어도 편의점에 가면서 쇼핑 목록을 들고 가는 사람은 없다. 대형 할인매장 같은 데서 주기적으로 하는 진지한 쇼핑의 사소한 누락이나 틈새의 결핍, 올 풀린 스타킹을 뒤늦게 발견한 어느 날 오후처럼 예외적이고 느닷없는 수요를 아주 '편의적으로' 채우는 곳이 편의점이다. 편의점을 아예 '냉장고'에 비유하는 이도 있다. 없는 게 없어 편리하지만 집에 두기는 너무 크고 관리도 번거로운, 그래서 유지비가 좀 드는 냉장고. 혹은 부엌이나 서랍 같은 공간.

없는 게 없다는 말은 수긍할 만하다. 쌀과 잡곡, 닭 가슴살 스테이크까지 먹거리가 다양하다. 먹어 본 것만 5백 종이라고 말하는 이가 있을 정도로 다채로운, 그리고 지금도 '화끈불낙지', '자장밥' 등으로 끊임없이 변신하는 편의점의 꽃 삼각김밥. 야키소바(일본), 쌀국수(베트남), 짬뽕컵(중국)에 토종 누룽지탕면, 자동차 컵 홀더에 끼워 두고 먹을 수 있는 라면까지 진화한 면 종류. 거기에 온갖 종류의 샌드위치와 김밥, 도시락, 비빔밥, 초밥……. 음료수와 술, 온갖 자질구레한 생활용품 등등. 20평 남짓, 넓어도 40평이 채 안 되는 편의점들이 판매하는 품목은 최대 2만여 종에 달하고, 좁은 곳도 5천 종은 예사로 넘는다고 한다. 담배만 해도 국산과 수입산이 각 60여 종에 이르러 이들 이름을 익히고 관리하는 것이 초보 아르바이트생의 업무 적응 최대 난관 가운데 하나다. 상품들은 분해 조립이 가능한 5~7단 선반을 따라 센티미터 단위로 구획된 공간을 공유한다. 거기에 24시간 택배, 전자제품 충전, 공과금 납부, 입출금 등 생활편의 서비스까지. 편의점은 일상의 가장 기본적인 수요의 목록을 가장 대중적인 품질과 가격에 맞춰 전시하는 인스턴트 라이프의 경이로운 요약, 고밀도 샘플 공간이다.

대학 시절 편의점 아르바이트를 하다가 편의점 음식 맛에 심취해 편의점 리뷰 블로그를 운영했고, 그 인연으로 편의점 회사에 취직까지 했다는 채다인은 『나는 편의점에 탐닉한다』라는 책에 "편의점은 도심 곳곳에 숨어 있는 작은 오아시스가 아닐까 생각한다. 평소 알아채지 못하고 있지만 우리가 필요로 할 때 언제나 있어 주는 그런 존재"라고 적었다. 그는 책 앞부분에 '편의점 중독지수'라는 제목을 단 10개의 체크리스트를 실었다. 그중 일부를 소개하면 '편의점에 가면 신상품과 행사 상품이 있는지 살핀다', '삼각김밥이나 샌드위치 신상품이 나오면 무조건 먹어 본다', '편의점 직원이 당신을 기억한다', '하루 두 끼 이상을 편의점 음식으로 때운 적이 있다' 등이 있다. 3~5개는 돼야 입문자 수준이고, 0~2개면 '편의점은 급할 때나 이용하는 비싼 가게라는 생각을 가지고 있지는 않은지?' 단계다. 편의점 마스터가 되면 제품의 포장만 봐도 편의점 브랜드와 맛, 가격을 줄줄 외우는 경지에 오른다고 한다.

편의점이 한국에 상륙한 것은 88올림픽 이듬해인 1989년 5월 올림픽 훼밀리 아파트 상가에 첫 매장이 생기면서부터다. 그리고 이듬해인 1990년 1월, 정부는 '범죄와의 전쟁'이라는 살벌한 조치를 단행하며 유흥업소의 심야 영업을 금지시켰다. 1998년 8월 이 조치가 철회될 때까지 유흥가나 대학가 술집들은 미국 금주령 시대를 방불케 하는 접선식 숨바꼭질 영업을 이어 갔고, '혁명'을 꿈꾸느라 미처 야식거리를 못 사둔 그즈음의 대학생들은 심야의 허기를 찬장의 커피 프림으로 달래곤 했다. 그들이 꿈꾸던 혁명이 다른 형태로 닥친 것이 24시간 편의점이었다. 그로부터 20여 년, 이제 편의점은 도시와 농촌, 주택가, 유흥가, 공단 지역 할 것 없이 생활 반경 1백m 이내에 없는 곳이 없을 만큼 흔한 일상 공간이 됐다.

"오래 일하다 보면 안부 인사 정도는 나눌 수 있는 또래 단골손님들도 생겨요. 아침 출근할 때 김밥 같은 걸 사고 늦은 퇴근길에 맥주 한두 캔씩 거의 정기적으로 사러 오는 분들이 있거든요." 편의점 직원들이 가장 경계하는 손님은 만취 고객이다. 인사불성으로 취해서는 여기가 어디냐고 다짜고짜 따지는 사람들, 냉장고에서 맥주를 꺼내 매장에 늘펀히 앉아 술판을 벌이려는 사람들, 선반을 뒤엎거나 음식물로 바닥을 엉망으로 만드는 사람들……. "찾는 물건이 없다며 시비 거는 분들, 돈 줄 테니 찾는 술 사오라며 막무가내로 떼쓰는 분들도 있어요." 두어 차례는 자리를 옮겨 가며 술을 마셨을, 그리곤 등 떠밀려 거리로 내몰렸을 이들이 그렇게 마지막으로 들르는 곳도 편의점이다. 동네마다 있던 포장마차가 도시 미관을 위해 '정화'된 탓인지 모른다. 그렇게 어둠 속 편의점의 환한 불빛은 주광성 생물들처럼 빛을 찾아 떠도는 그들에게는 따뜻한 환대, 너그러운 허락이 된다.

"하지만 대개는 말없이 물건 골라 조용히 돈 내고 나가죠. 그나마도 여긴 새벽 손님이 거의 없어요. 무서울 정도로 조용하죠."

청소나 재고 정리 같은 자잘한 일들을 하고 남는 심야의 얼마간이 아르바이트생들의 자유 시간이다. 그들은 소설가 구광본의 단편 「맘모스 편의점」의 주인공 상수처럼 공무원 시험 문제지를 풀거나 음악을 듣거나 휴대폰 게임을 하거나 4천 원 내외의 시급을 헐어 진열대에서 물건을 골라 주전부리를 한다. 상수의 아르바이트 동료이자 여자친구로 2년 넘게 지내면서 습관처럼 '설마 내가 편의점 알바밖에 못 하려고'라고 혼잣말하는 은진이처럼, 편의점은 젊은 그들에게는 인생의 스프링캠프 같은 곳이다. 그리고 직장은 퇴직했으나 가장 역할까지 퇴직하기엔 너무 이른 중년의 사장에게는 어떻게든 지켜야 할 삶의 마지막 보루일 것이다.

새벽 5시. 누구는 하루의 노동을 시작하고, 또 누구는 고단한 노역에서 해방되는 그 짙푸른 시간에도 편의점은 늘 한결 같은 조도로 삶의 고밀도 현장을 밝힌다. 거기 거울이 있다. 구석구석 벽 기둥마다 천장 높이로 서 있는 편의점 거울들은 감시의 사각死角을 최소화하기 위한 장치이겠지만 어떤 이들에게는 그 새벽, 자신과 자신이 선 자리를 가혹하게 대질시키는 무대가 된다. 편의점마다 없는 곳이 없는 그 거울들을 우리가 쉽사리 인식하지 못하는 것은 충혈된 눈동자와 거기 비친 눈가의 주름, 핏기 없는 얼굴을 무의식적으로 외면해 왔기 때문일지 모른다. 지옥 같은 일상의 감옥. 사실 은유나 그 무엇으로만 경험할 수 있는 가상 공간인 지옥이란 대개는 일상을 에누리해 부를 때 쓰는, 일상의 다른 이름이다. 시인 신용목이 시집 『아무 날의 도시』에 수록한 「만약의 생」이란 시에서 "신은 지옥에서 가장 잘 보인다 // 지옥의 거울이 가장 맑다"고 할 때, 그의 일상이 새벽 편의점 거울 속에 비친 풍경과 흡사했을까. 그나마 다행인 것은 매혹과 환멸이 각자의 거처를 따로 두지 않는다는 사실이다. 편의점이 다양한, 심지어 상반된 감상感想 속에 놓일 수 있는 것도 그런 까닭일 것이다.

지 하 철

서로 사랑할 수도
죽일 수도 있는 공간

지하철 한 량의 면적은 60.84m²(약 18.4평)으로 국민 주택이라 일컬어지는 서민 아파트 실평수와 흡사한 공간이다. 좌석 54석 포함 정원 160명. 통근 시간대 승객이 가장 많이 몰릴 때면 정원의 186% 정도가 타기도 한다. 운 나쁘게 가장 북적일 때 지하철을 탄 승객 한 사람이 차지할 수 있는 면적은 산술적으로 약 0.2m²다. 앉아 가는 승객이 누리는 '호사'를 감안한다면 서서 가는 시민에게 배분되는 공간은 더 야박해진다. 발가락 하나 꼼지락거리려 해도 주변 사람 눈치 살펴야 한다는 말이 그리 심한 과장은 아닐 것이다.

시각적 피로를 최소화하면서 책 읽기 가장 좋은 거리를 일컫는 '엘보 디스턴스elbow distance(팔꿈치를 휘둘러 닿는 거리)'를 어떤 학자들은

'상대를 사랑할 수도 죽일 수도 있는 거리'라고 말한다. 그 취약한 개별성의 공간 안에서는 제아무리 괴팍한 이들이어도 으레 불편한 접근과 접촉을 감수한다. 지하철의 시민들은 그래서 마치 모래주머니 매달고 달리는 러너처럼 공동체 구성원들이 지녀야 할 어떤 덕목들, 이를테면 질서나 양보, 부대낌, 나아가 타인에 대한 무관심의 배려까지 훈련 받고 있다는 생각이 들 때가 있다.

매일 아침 시민들은 어두운 지하 공간을 따라 직장이나 학교 같은 곳으로 이동한다. 꼼지락거림의 자유(혹은 억압)의 시공간은, 그러니까, 가정이라는 공동 사회에서 이익 사회로 진입하는 시공간이고 사적 자아가 공적 자아로 오버랩하는 시공간이다. 공간 디자이너들이 가장 효율적인 분할선으로 꼽는, 수평 수직의 면과 선분들로 구획된 야무지게 차가운 합리의 공간 안에서 그 꼼지락거림은 영화 속 괴물들이 변신의 순간 뒤트는 몸짓 혹은 공간의 겹침에서 비롯되는 어지럼증을 견디는 제의의 고행처럼 느껴지기도 한다.

자연에서 얻은 영감이 문명 진화의 모티프가 된 예는 흔하다. 새의 비행이 비행기를 낳은 것처럼 지하철은 두더지굴에서 착상됐다고 한다. 그 착상을 실현시킨 것은 19세기 중엽의 영국 자본주의였다. 영국 런던에 첫 지하 철도가 뚫린 1863년 1월은 칼 마르크스가 바로 그 영국에서 자본주의의 가장 추악한 양상과 그 운명을 탐구하며『자본론』(1867년 출간)을 준비하던 시기다. 1863년 1월 팔링턴 스트리트와 비숍스 로드를 잇는 6km 구간이 개통되자 그해에만 런던 시민 950만 명이 지하철을 이용했다고 한다. 그들은 연소하는 석탄의 시커먼 연기를 마셔가며, 탄광의 갱도와 같은 굴을 따라 집과 일터를 오갔을 것이다. 20세기 초 자

지하철에서 마주 앉은 누군가를 하루 뒤 혹은 일주일 뒤에 기억하기란 쉽지 않다. 저 안에서 우리의
시선들은 물리적 거리보다 훨씬 먼 곳을 떠돌거나 자신 속으로 움츠러들기 쉽다. 지하철 객차 공간의
몰개성과 일시성, 탈중심성은 도시의 익명성과 분절적 삶을 축약해서 보여 준다.

본주의 임금 노동 시스템의 확산과 함께 지하철은 전 세계로 퍼져 나갔고 기술 진보와 더불어 구동 방식과 객차의 환경도 쾌적하고 밝아졌다. 그럼으로써 어두운 태생의 비밀도 묻혔다. 한국의 지하철은 제2차 경제 개발 5개년 계획이 한창이던 1974년 8월 서울역－청량리 7.8km 구간에서 운행을 시작했다.

어느 나라나 지하철 전동차의 실내는 튜브처럼 긴 공간을 따라 평행하게 좌석이 늘어선 원심적 공간이다. 회의실이나 응접실, 카페의 좌석 배치처럼 얼굴을 마주보며 집중할 수 있도록 배려된 구심적 공간과 달리 이 원심적 공간은, 좋게 보자면, 익명의 다중이 개별성의 훼손 가능성을 최소화하면서 공간을 공유할 수 있게 한 일종의 배려다. 통로를 따라 초록색으로 구분된 바닥 공간은 입석 승객의 영역을 표시하면서 맞은편 승객과의 시선을 막아서는 보이지 않는 칸막이 구실을 한다.

하지만 출입문이 열리기 무섭게 각자의 공적 공간 속으로 흩어져 가는 승객들은 구멍 난 수도 호스에서 뿜어 나오는 세찬 물줄기처럼 한 칸을 공유했던 승객 각각의 압박으로부터 해방된 듯 다급하다. 쫓기듯 계단을 오른 뒤 회전 개찰구를 지나자마자 그들의 발걸음은 표나게 여유로워진다. 그제야 비로소 타인과의 안전거리를 확보할 수 있게 됐기 때문이다.

지하철은 운전기사를 중심으로 방사상의 네트워크를 형성하는 시내버스와 달리 중심과 높낮이가 없는 편평한 공간이다. 담임 교사도 반장도 없이 자율학습 중인 교실 풍경처럼 때로는 나른하고 푸근한 백색 소음의 공간이었다가, 목청 큰 한두 사람의 도발에 금세 분위기가 일변하기도 하는, 그래서 늘 어제와 같은 오늘이지만 시시각각 다채로운 분위기와 표정이 연출되는 자유분방한 공간이다.

공간에 숨 쉴 수 있는 틈이 열리면, 지하철은 체증 없는 이동이라는 단순 명료한 도구적 의미와 별개로, 문화적으로 다양하게 소비되는 공간으로 변신한다. 유행과 일기에 밀착된 상품들이 거래되는 서민들의 시장도 되고, 굽은 허리를 안간힘 다해 운신하며 폐지를 모으는 노인들의 일터도 되고, 굵은 글씨로 '급전', '구인·구직'이라 적힌 미심쩍은 생활 정보의 유통 공간이 되기도 한다. 승객들은 저마다의 성향과 기분 등등에 따라 익명의 세상과 접촉하는 면적을 넓히기도 좁히기도 한다. 거울 달린 화장 도구를 꺼내 볼이나 입술을 치장하는 이들도 있고, 눈 감고 음악으로 귀를 막아 감각의 거슬림을 최소화하려는 자폐형 승객도 있다. 근래에는 휴대용 전자기기를 쥐고 손과 눈동자를 놀리는 데 바쁜 이들이 다수지만, 두서너 명이 모여 앉거나 서서 자칫 낯뜨거울 수도 있는 화제話題로 떠들썩한 대화를 나눌 때도 있고, 죽고 못 사는 한때의 커플이 낯선 이들의 시선과 심장을 자극하는 장면을 연출하기도 한다.

때로는 일상의 우리와 사뭇 다른 방식으로 살았음 직한 이들이 절박한 몸짓으로 손을 벌릴 때도 있다. 대개는 장애를 지닌 이들이 애절한 내용의 쪽지와 함께 건네는 그 과도한 공손함에 지하철 공간은 가벼운 긴장감에 휩싸이기도 한다. 건넨 쪽지를 애써 외면하는 불편한 시선들, 동전이나 지폐를 주섬주섬 꺼내는 심드렁한 우리 자신의 표정들을 가까이에서 살필 수 있는 곳도 지하철 안이다.

'살핀다'고 표현했지만, 지하철 안은 감시·관리 시선이 없는, 자유롭고 평등한 시선들의 공간이기도 하다. 그 공간은 사소한 자극에도 금세 엿보기의 공간으로 전이한다. 살펴서 알 수 있거나 판단할 수 있는 것은 물론 많지 않다. 가령 도움을 청하는 이들의 절박함의 이면이 실제로는 그들이 드러내 보인 것과 사뭇 다르다는 풍문과, 그 풍문에 기대 스스로의 냉담함을 애써 합리화하는 우리. 소설가 존 버거 John Berger 의 말처럼, 본다는 행위는 "일종의 기도와 같은 것이어서 절대적 존재에 접근하는 한 방식은 되겠지만 결코 그것을 움켜쥘 수 있게 해주지는 못"한다.

하지만 익명의 공간은 관음의 충동과 함께, 더불어 나눌 수 있는 이야기를 잉태한다. 어떤 이야기들은 휴대폰 동영상의 기록과 함께 지하철 공간을 넘어 사이버 공간 속으로 확산돼 '○○녀', '○○남'들을 심심찮게 탄생시켜 왔고, 그 ○○녀들이 몇 분마다 열리는 '탈출구'를 통해 캄캄한 어둠의 공간, 더 아득한 익명의 군중 속으로 사라진 뒤에도 오랫동안 뜨거운 뉴스로 소비된다. 그들이 범한 일탈은 정도의 차이는 있겠으나 일상의 다양한 공간에서 드물지 않게 경험하게 되는 것들이다. 그들을 엽기 패륜의 화신으로 여론의 몰매 앞에 내모는 데는, 공간의 익명성과 이야기의 갈증에 부추겨진 다중의 공격성이 크게 작용할 것이다. 명분을 등에 업고 단죄에 나선 익명의 무리는 실명의 개별자보다 쉽게 가혹해지고 야비해진다. 왜 하필 다중이 이용하는 지하철에서 그러느냐는 따짐과 함께 왜 하필 지하철 안이면 안 되느냐는 질문을 우리는 동시에 던져야 한다. 또 그들이 공원이나 길거리, 버스 대합실과 달리 거의 늘, 어쩔 수 없이, 타인을 사랑할 수도 살해할 수도 있는 거리 안의 타인이라는 사실도 우리는 염두에 둬야 한다.

인류학자 에드워드 홀 Edward T. Hall에 따르면 동물에게는 생식과 생존을 위한 공간 유지 법칙과 '도주 거리'라는 게 있어서, 낯선 존재가 어느 정도 접근할 때까지 잠자코 있다가 경계를 넘어 다가오면 달아난다고 한다. 도주 기회를 얻지 못한 동물은 침입자가 아무리 강한 존재여도 어쩔 수 없이 공격을 감행하는데, 이때의 도주 거리는 '치명적 거리'라 불린다. 무리를 짓는 동물들조차 집단 내에서 '개인적 거리'를 유지하는데 이 거리를 홀은 '생명체를 에워싸는 보이지 않는 거품' 혹은 '확장된 육체'로 묘사하고, 그 거품이 훼손되면 스트레스를 받거나 공격 성향을 보인다고 주장했다. 그에 따르면 인간은 진화(혹은 문명화) 과정을 통해 도주 거리나 개인적 거리의 인성 지배력이 약화했지만, 그래도 어쩔 수 없이 동물이어서 그 영향력이 아주 없지는 않다고 주장한다. 하드보일드 범죄 스릴러 작가 잭 리처의 『사라진 내일』에는 얼굴을 가린 은행 강도가 은행원을 살해하는 장면이 등장하는데, CCTV를 분석하던 형사는 두 사람이 현실적인 필요와 무관하게 아주 가까이 마주 선 사실을 근거로 단순한 범죄자와 피해자가 아니라고 추정한다. 요컨대 확장된 육체가 포개질 수도 있을 만큼 친밀한 사이일지 모른다는 판단이다. 그 추정은 옳은 것으로 판명된다.

지하철 전동차 안은 어중간한 오후 시간대가 아닌 한 거의 늘, 엘보 디스턴스—에드워드 홀은 이 거리를 사랑을 나누고 맞붙어 싸우고 위로하거나 보호해 주는 행위가 가능한 '밀접 거리(0~18인치)'라 칭했다— 안에서 타인을 만나는 공감각적 공간이다. 상대의 체온과 숨소리, 체취 등을 통해 거의 동물적으로 서로의 존재를 확인하고 교감할 수 있는, 위태로운 시험의 공간이다. 소통의 가치는 무관심의 배려, 또 철저한 고독을 품위 있게 지탱할 수 있을 때 더 온전해진다는 것도 우리가 지하철 공간 안에서 배워야 할 교훈일 것이다.

계단

기능적 편리가
일상의 벽이 되기도 하는 자리

인간이 공간을 입체적으로 누리기 위해 고안한 가장 원시적인 장치가
계단이다. 높이를 잘게 쪼개 평면화한 계단은 인간으로 하여금 바벨탑
처럼 높은 고도 공간도 일상화할 수 있게 했다. 단위 평면에서 밀도의
경제성을 얻게 된 인류는 중력의 운명적 한계를 공학적 기술의 문제
수준으로 왜소화하면서 높이와 깊이를 추구하게 됐고, 그 결과 문명
의 부피는 폭발적으로 늘어났다. 19세기 중후반 엘리베이터가 보편화
한 이후, 즉 미국의 발명가 엘리샤 오티스가 1853년 뉴욕 국제박람회
에서 안전성을 획기적으로 개선한 장치를 선보이고, 전기를 이용한 빠
르고 힘센 승강기가 일반화하면서 마천루들이 잇달아 들어섰지만, 계
단을 아주 밀어 내지는 못했다. 계단은 비록 제한적이고 비상적으로만

활용되더라도 고도와 고도를 잇는 근원적인 장치로서 법적 보호하에 건재하다.

그 과정은 문명이 위계의 질서로 재편되는 과정과 나란히 진행됐고, 그 질서는 계단에 의해 상징적 실질적으로 강화됐다. 계단이 지닌 높이의 편차는 공간을 차별적으로 분할했고, 고도 평면은 예나 지금이나 신성과 위엄의 자리다. 적어도 이데올로기적으로는 그렇다. 그러니 문명은 계단 위에서 잉태되고 계단을 따라 제 위상을 높여 왔다고 우겨 볼 만하다. 건축학자 임석재는 『계단, 문명을 오르다』란 책의 서문에서 "계단은 인간사 그 자체"라고 하기도 했다. 계단의 기능적 효용과 별개로 그 단어가 지닌 이미지와 파생 이미지들의 심란함은 저런 발생과 계통의 맥락 속에서도 엿볼 수 있을 것이다.

익숙해진 탓에 잘 인식은 못 하지만, 우리가 평면으로 여기는 거의 모든 일상 공간의 바닥도 계단에서 응용된 다양한 형태의 각진 높낮이를 지닌다. 현관과 실내, 마루와 방, 거실과 화장실, 실내와 베란다도 기능에 따라 불연속적인 높이의 요철로 끊겼다 이어지는 입체 공간이다.

그 입체의 평면들은 우리의 몸이 사소한 비일상적 상황—예컨대 발가락을 하나쯤 삔다거나 하는—에 놓이면 도드라지게 인식된다. 약간만 움직이려 해도 온 근육이 긴장하고 사소한 동작에도 엉거주춤 자세를 뒤틀어야 하는 상황. 그때의 야트막한 턱은 욱실거리는 통증의 두려움으로 우뚝 서고, 열 칸도 안 되는 한 층 높이 계단조차 감당하기 힘든 장애물이 된다. 물론 그 고통은 며칠 뒤면 사라지고, 턱들의 존재감도 이내 미미해진다. 대체로 잘 배려된, 익숙한 일상의 공간 안에서 비일상의 불편과 고통이 환기되는 경우는 드물다.

무한 동력으로 솟구치는 파도처럼 계단이 이어져 있다. 지평선 너머 무지개 닿는 자리에 있다는 낙원
의 약속이 저 계단의 굽이 뒤로 숨어든 것일지 모른다. 수평의 꿈이 수직의 욕망으로 변형되는 세월
을 문명의 역사로 설명할 수도 있을 것이다. 그렇게 흐른 시간은 저 계단이 누구에겐 벽이 되듯이 차
별과 격리의 시간과도 나란히 이어져 왔을 것이다.

하지만 비장애인의 비일상을 일상으로 사는 이들이 있다. 우리 이웃 열 명 가운데 한 명꼴이라는 장애인들이다. 특히 거동이 힘든 중증 장애인에게 아홉의 편의와 미감에 충실한 세상은 거대한 장애 공간이다. 인도와 건물 사이의 턱이나 계단, 보행자의 편의와 도시 미관을 위해 울퉁불퉁 모양을 낸 보도블록…… 지하철을 타려면 역사(驛舍)의 엘리베이터 유무를 먼저 확인해야 하고, 버스는 혼자 탈 엄두를 못 낸다. 제 집과 달리 마음대로 고치거나 바꿀 수도 없는, 피하거나 포기할 수밖에 없는 모멸적 폭력의 공간. 뇌병변 장애인인 성동장애인자립생활센터 김희정 팀장은 "휠체어에 앉으면 문지방 높이의 작은 턱도 넘기 힘든 장애물"이라며 "세상이 온통 우리를 가둔 벽 같을 때가 많다"고 말했다.

그 불편한 사정은 다 알지만, 아니 안다고 생각하지만 당장 '나'부터 그건 남의 사정이다. 그래서 정부나 지방자치단체가 어쩌다 장애인을 위해 뭘 좀 손보겠다고 하면 나서서 반대하지는 않지만 제 일처럼 신경 써주는 이는 드물다. 근년 들어 공공시설을 중심으로 장애인에게 우호적인 환경들이 조금씩 조성되고 있지만 그 속도와 폭은 그래서 더디고 미미하다. 그 알량한 변화는 공간을 독점하며 알게 모르게 공간적 만성 폭력을 묵인·방조해 온 다수의 비장애인들로 하여금 스스로 감당해야 할 죄의식을 더는 데 기여하고 있는지 모른다. 그런 현실에 죄의식은커녕 부채 의식조차 못 느끼는 이들도 어쩌면 더 많을 것이다.

제 힘으로 휠체어라도 움직일 수 있는 장애인은 그나마 고통의 정도가 덜하다. 우리 이웃 중에는 타인의 도움이 없으면 일상생활 자체가 거의 불가능한 중증 장애인만 35만 명에 달한다.

2012년 10월 자신의 원룸 셋집에 난 화재로 숨을 거둔 김주영 씨도 뇌병변 1급의 중증 장애인이었다. 그는 연필만 한 막대기 하나 간신히 움직일 정도의 힘밖에 없는 몸으로 숨지던 전날까지 장애인자립생활센터 상근 직원으로 일했다. 매일 아침 7시면 집으로 찾아오는 활동보조인의 도움을 받아 출근 채비를 한 뒤 1km 가량 떨어진 사무실로 출근했고, 사무보조인의 힘을 빌려 오후 6시까지 일했다. 그가 하던 일은 자신의 자립 경험과 요령을 동료 장애인들에게도 전하고, 그들과 함께 비장애인들의 비정한 세상을 설득하고 저항하는 거였다고 한다. 생전의 그가 절박하게 매달렸던 문제 가운데 하나가, 자신을 자립하게 해주고 또 의미 있는 노동을 할 수 있게 해준 '장애인 활동보조 서비스'의 실질적인 확대였다.

그가 쓴 활동보조(일상 보조, 사무보조) 시간은 월 360시간, 하루 평균 12시간이었다. 사태가 일어난 눈 더미 속에 갇힌 채 매 호흡마다 잔존 산소량을 가늠하는 조난자처럼, 자신에게 남은 활동보조인 이용 시간을 체크하느라 그의 달력은 늘 일수 노트처럼 빼곡했고, 사적인 볼일이라도 생기면 마른 행주 짜듯 몇 십 분씩을 아껴 모았다고, 그의 한 동료는 말했다. 공적인 하루가 끝난 뒤(활동보조인이 돌아가고 난 뒤) 홀로 남겨진 12시간 동안, 움직일 수 없는 그는 잠이 오든 않든 누워만 있어야 했다. 아침이 올 때까지 그에겐 요 한 장이 세상의 전부였다.

서울 성동구 행당동, 고층 아파트단지 밑 언덕길 응달 한길에 붙어 선 낡은 2층 건물의 1층. 지난여름 그 더위에 덥다고 닫힌 창문을 열지도, 새벽 비 들이친다고 열린 창문을 닫지도 못했을 그의 원룸 셋방은 입구와 창이 합판으로 가려진 채 그을린 외벽 그대로 서 있었다. 새벽 2시 10분, 불이 난 사실을 안 그는 막대기(터치펜)를 물고 119에 전화를 건 뒤, 방에서 현관까지 다섯 걸음 거리를 안간힘으로 기었을 것이다. 아니 기려고, 피를 빠는 모기 한 마리도 어쩌지 못하던 순한 힘으로 그 완강한 세상을 밀어 보려고 했을 것이다. 부엌에는 전동 휠체어가 있었고, 머리맡에는 어른 무릎 높이에도 못 미치는 창문이 있었다.

안타까운 사연은 이것이 처음은 아니다. 같은 시기에 경기 파주의 한 아파트에서 어머니가 월세방을 구하러 집을 비운 사이 불이 나 열한 살짜리 뇌병변 장애 1급 동생을 돌보던 두 살 위의 누나가 목숨을 잃었고, 이보다 한 달 앞선 9월에는 근육병을 앓던 1급 장애인 허정석 씨가 활동보조인이 퇴근한 사이 사고로 인공호흡기가 빠지는 바람에 숨을 거뒀다. 알려지지 않은 사연은 더 많을 것이다. 또 이번이 끝도 아닐 것이다. 모진 운명에 작은 자구의 능력조차 박탈당한 이들을 모진 사회는 사실상 외면해 왔다.

장애인 활동지원 서비스는 2005년 겨울, 한 중증 장애인이 수도관이 파열된 집에서 동사한 채 발견된 참변을 계기로 2007년부터 시행됐다. 현행 장애인 복지법에 따르면 활동보조는 만 6세 이상~65세 미만 1급 장애인에 한해 국민연금공단의 일상생활 수행능력 인정 조사—혼자 밥 먹을 수 있는가와 같은 질문에 답변하는 형식—를 거쳐, 장애 정도에 따라 시간을 배정받는다. 2012년에 조사한 바에 따르면 활동보조 서비스를 받는 장애인은 현재 5만여 명으로 중증 장애인 35만 명 중 13.9%에 불과한 실정이다. 숨진 김 씨의 월 360시간은 현행법과 제도가 허용한 최대치(보건복지부 180시간 + 서울시 180시간)였다. 최중증 장애에다 가족의 조력조차 받을 수 없는 1인 가정, 상근 활동가로 일한 정황들이 감안된 일종의 '혜택'이었다. 하지만 결정적인 순간, 그는 혼자였다.

움직이기 힘들어도 장애 1급이 아니면 경제적 형편이 어떻든, 왕래가 있든 없든, 호적에 누가 함께 있으면 혜택은 없거나 대폭 줄어든다. 장애인들은 '장애인 등급제'와 '부양가족 의무제'를 장애인 관련 2대 악법으로 꼽아 왔다.

이따금 들려오는 참담한 소식들이 남 일 같지 않은 그들에게는, 그들을 막고 선 세상이 그대로 지옥이고, 누구의 조력도 기대할 수 없는 혼자만의 시간이 그 자체로 참변 같을 때가 있다고 했다. 그리고 다수의 세상은, 늘 그래왔듯이, 잠깐 숙연해졌다가 이내 무덤덤해질 것이다. 점차 나아질 것이라는, 선량한 다수의 선량한 기대 속에, 아니 무관심 속에. 어쨌건 세상은 조금씩 나아지겠지만 여태 그래 온 대로라면, 또 안타까운 희생과 목마른 당사자들의 긴 절규를 통해 아주 더디게 나아져 갈 것이다. 쥐꼬리만 한 복지 예산에서도 장애인 관련 예산은 늘 옹색했고, 늘더라도 가장 미미하게 늘었다. 2011년 장애인 복지 분야 예산(1조 2821억 원)은 전체 복지 재정(86조 3929억 원)의 1.5%였고, 복지 재정이 최근 4년간 연평균 8.1%씩 느는 동안 장애인 예산은 5.3% 늘었다.

이 법치 사회에서 약자가 비빌 언덕이 그나마 법이지만, 그들에게 법의 명분은 거의 늘 창백했다. 장애인 복지법 제3조가 밝히고 있는 기본 이념은 '장애인의 완전한 사회 참여와 평등을 통한 사회 통합'이다. 그 명분의 법적인 실행을 뒷받침하는 시행령과 시행 규칙은, 사실은 온전한 실현을 기약 없이 유예하는 근거로써만 기능한다. 저 화사한 법의 명분과 법을 지탱하는 허약한 명령 규칙의 간극, 그 계단을 감당하지 못하는 이이게 법은 기댈 언덕이 아니라 절망의 장벽이 된다.

그로부터 2년 뒤인 지난 4월 13일, 김주영 씨가 살던 데서 그리 멀지 않은 성동구 한 주택가에 화재가 나서 혼자 지내던 송국현(중복 장애 3급) 씨가 또 숨을 거뒀다. 송 씨는 24년 동안 장애인 생활 시설에서 살다 지난해 10월 나왔다. 그는 타인의 도움 없이는 걷는 것도 힘들고 심한 언어 장애까지 앓아 활동 지원이 절박했지만, 장애등급 재심사에서 뇌병변 장애 5급, 언어 장애 3급의 중복 장애 3급 판정을 받아 활동지원 서비스를 신청할 수 없었다.

송 씨의 죽음을 계기로 보건복지부는 17일 장애인 활동지원 서비스 신청 자격을 현재 장애등급 1~2등급에서 3급까지 확대하고, 단계적으로 자격 요건을 폐지하겠다고 밝혔다. 하지만 그 약속 역시 예산안이 확보돼야 가능한 일이다. 세상이 잠잠해져서 송 씨의 죽음이 잊히고, 예산 부처나 국회가 나 몰라라 해버릴 수도 있는 일이라는 의미다. 현행 활동지원 서비스는 신청한다고 다 받아 주는 것이 아니라 국민연금공단에서 별도로 지원 여부를 판정한다. 이번 경우처럼 3~6등급 장애인 중에도 지원이 필요한 이들이 있다. 등급제 즉각 폐지라는 장애인들의 최소한의 희망이 성사되기까지 또 어떤 희생이 뒤따를지 모를 일이다.

피 트 니 스 센 터

제 몸과 반성적 대화를
나누는 공간

일생을 부려먹는 몸뚱어리지만, 우리가 자신의 몸을 온전히 살펴보는 경우는 드물다. 우선은 그 하드웨어에 너무 익숙하기 때문일 것이다. 우리는 눈을 감고도 배꼽을 정확히 짚어 낼 수 있고 발가락이 열 개라는 걸 매일 만져 보거나 꼼지락거려 보지 않고도 안다. 익숙한 것들은 물론 편하지만, 경로를 다 알아 버린 전자오락의 어떤 스테이지처럼 한편으론 우릴 무료하게도 한다. 걷고 앉고 숨 쉬고 드러눕는 아주 복잡하고 정교한 몸의 메커니즘조차 기계적으로 반복되는 단순 일상일 뿐이다. 어쩌다 고장이라도 나면, 아니 고장이 나더라도 우리는 해당 부위에 집중해서 그 외양이나 움직임의 이상 여부를 살피지 유기적 전체로서의 몸을 살피지는 않는다.

몸을 뜯어보지 않는(어쩌면 못하는) 이유는 또 있다. 다양한 맥락에서 그 연원을 따져 볼 수 있겠지만, 몸을 살필 때 우리는 그것이 제 자신의 몸이어도 왠지 금기를 범하는 듯 조심스러워진다. 어떤 특별하고 은밀한 의도가 없어도 야릇한 외설의 기미를 느끼게 되는 것이다. 그것은 육체라는 하드웨어 자체가 지닌 고유성, 요컨대 특별한 개별성을 훼손하는 듯한 느낌과 연관이 있을지 모른다. 바슐라르의 해석처럼 금기는 언제나 위반의 매혹과 동반하는 것이어서 우리는 저마다의 본능적 나르시시즘으로 제 몸을 탐하면서 또 외면하게 되는 것이다. 공간의 책임도 있을 것이다. 옷이라는 껍데기를 걸치기 시작한 이래로 우리가 몸을 살펴볼 수 있는 공간은 뜻밖에 드물어졌다. 거의 매일 발가벗는 욕실이나 목욕탕 탈의실조차 빈약한 거울 탓에 또 낯선 시선들 탓에, 몸을 살피기에 그리 편한 공간은 아니다.

하지만 저 모든 장애를 넘어 우리의 몸을 전면적으로, 노골적으로, 또 남의 시선 따위 아랑곳 않고 바라보게 되는 곳이 있다. 피트니스센터다. 근육을 키우기 위해서든body-building 체형을 가꾸기 위해서든body-shaping, 단순히 쇠약해져 가는 근력이나 건강을 유지하기 위해서든 거기 머무는 동안 우리는 세월에 예민한 얼굴이나 손, 목의 살결이 아니라 몸의 윤곽과 후미진 굴곡들을 집요하게 살핀다. 사방 벽을 에워싼 거울 앞에서 우리는 자신의 몸을 완벽하게 대상화한다.

가쁜 숨소리들이 금속성 소음에 섞여 공간을 채운다. 가슴을 한껏 부풀린 채 벤치 프레스 위에 드러누운 이, 엉거주춤 우스꽝스러운 자세로 덤벨과 씨름하는 이, 바에 매달려 오만상을 찡그리며 용을 쓰는 이, 매트에 누워 사지가 찢어져라 제 근육을 늘리며 신음을 참는

피트니스센터는 우리가 우리의 몸을 심미적·기능적으로 살피는 공간이다. 거울 앞에서 우리는 육체의 전부를 대상화하고, 감각적으로 대화한다.

이……. 성대를 울려 나오는, 숨소리 같고 신음 같고 탄식 같고 기합 같고 감탄사나 환성 같기도 한 그 소리들은 조금씩 거칠어지다가 한계에 다다를 즈음 일순 멎기도 하고, 한꺼번에 비명처럼 터져 찢기고 갈라지기도 한다. 어떤 메시지로도 구체화하지 않고 소통의 욕망으로 제 형상을 꾸미지 않는 그 소리들은 청각이 아니라 촉감으로 다가서는 자극이다. 그것은 귓전을 맴돌다 흩어지면서 혈관을 타고 울컥울컥 흐르는 피의 출렁임이나 수축하고 팽창하는 심줄들의 율동으로 형상화한다. 그럼으로써 비로소 감각되는 소리들의 결. 아무렇게나 뭉뚱그려 숨결이라고 할 때의 그 다채롭고 이질적인 결들은 단어 자체의 뉘앙스처럼 청각적이기보다 촉각적이다. 또 그 닿음의 감각을 보조하는 것도 청각적이기보다는 시각적이어서 밀고 당기고 들고 버티는 그 광경들은 체험과 추체험을 통해 숨결 배후의 피의 흐름을, 신축하는 근육의 통증을 엿보게 한다.

하루 중 가장 붐비는 가장 소란스러운 피트니스센터에서도 소음이 거슬리는 경우가 드문 이유도 그래서다. 거기서 우리는 소음의 방해를 받지 않고 오직 시각과 촉각으로써만, 자신의 몸과 긴밀한 대화를 나눈다. 그 대화는 가장 근원적이고도 경건한 직시와 반성, 순수하고 고요한 육체와의 소통이다.

그곳은 우리가 물질적·생물학적 (재)생산이나 잉여의 쾌락과 무관하게 오직 몸을 위해 몸을 쓰는 예외적인 공간이다. 저마다의 목적이야 조금씩 다를 테지만, 거울과 운동 기구 앞에서 우리는 단순하고 맹목적인 존재가 된다. 보장도 기약도 없이 몸이 지탱할 생명의 시간이 연장되려니 하는 막연한 기대, 시간의 질質이 지금보다 나아지거나 쇠퇴하더라도 더디게 쇠퇴할 것이라는 맹목적인 기대가 있다. 우리가 바라보는 몸은 우리가 내면화하고 있는 미학적·기능적 육체의 모범적 상(像)과의 수긍하기 힘든 괴리로 우리를 충동질한다. 삶처럼, 무지개의 환상을 좇는 맹목의 욕심은 그 막연한 기대를 참담하게 짓밟는 경우도 더러는 있다.

피트니스센터의 기구들은 저마다 형틀의 원리, 고문의 원리와 흡사하다. 예컨대 발등에 부하를 건 채 오금을 펴서 허벅지 근육을 자극하는 레그 레이즈leg-raiser가 근육이 지탱할 수 있는 한계에 다가갈수록 허벅지는 주리를 트는 고통을 감당하게 된다. 턱걸이하듯 수평 바에 매달려 몸을 당겨 올리는 순간 이두박근과 광배근은 이완하려는 안간힘으로 터질 듯 부푼다. 그렇듯 기구들은 몸의 크고 작은 근육들을 혹사시키기 위해 과학적으로 세밀하게 고안된 장치들이고, 우리는 정육점에서 원하는 부위의 고기를 고르듯 그날그날 목표로 삼은 근육 부위를 공략하기 위해 가장 알맞은 기구를 고른다. 시선의 방향, 고개나 상체의 각도에 따라 부하를 받는 근육의 위치는 미세하게 달라진다. 거울이 있는 까닭도 우선은 몸의 자세와 근육의 불끈거리는 움직임을 살피기 위해서다.

어떤 근육 운동이든, 근육의 부피가 커지기 위해서는 근섬유가 지탱할 수 있는 한계 너머의 자극으로 나아가야 한다. 근육에 상처가 생기고 상처가 아물면서 더 크고 쫄깃한 근육이 만들어진다는 것이다. 그런 과정의 반복으로 턱걸이를 할 수 있는 횟수는 늘어나겠지만 몸이 곧장 멋지고 아름답게 변하는 것은 아니다. 적당히 키운 근육들을 미끈하게 다듬는 과정, 곧 보디 세이핑은 작은 강도의 끈기 있는 반복 운동을 통해 이루어진다고 한다. 이를테면 에너지의 폭발적인 분출에 이은 정교한 조각 작업이다. 자세가 흐트러져 근육이 아닌 골격과 관절에 하중이 걸리는 바람에 의도한 운동 효과는커녕 심할 경우 돌이키기 힘든 낭패를 당하기도 한다. 그럼으로써 우리는 제 몸의 굴곡을 구조적으로, 미세한 변화의 양상과 함께 살피게 된다. 한 세트의 운동, 하루의 운동을 끝낸 뒤면 우리의 손과 눈은 부위의 양감과 질감을 전체의 조화 안에서 반성적으로, 때로는 나르시스의 몽환적 시선으로 어루만지게도 되는 것이다. 그 분석의 시선 앞에서 자신의 몸은 낱낱의 세부로 다시 한 번 대상화한다.

몸에 대한 시각적·촉각적 어루만짐의 반복은 제 몸을 긍정하게 하고, 영혼의 이물질들을 정화하는 효과를 선사하기도 한다. 조금씩 단단하게 부푸는 가슴, 탄력을 되찾아가는 복부와 엉덩이는 묘한 자신감으로 우리를 들뜨게 할지 모른다. 아름다움을 매개하는 것은 감각이지만, 그 아름다움을 자신의 것으로 붙들어 키우는 것은 상상력이다. 과장된 낙관의 상상력 속에서 우리는 미래의 아름다움을 아낌없이 가불해 쓰면서 혼자 우쭐우쭐 행복해질 때도 있다. 피트니스센터에서의 활동이 생산이나 쾌락과 무관한 맹목의 몸짓이라고 했지만, 그때의 행복감을 쾌감이라 할 수도 있을 것이다. 그 쾌감은 애무와 같은 물질적이고 구체적인 쾌감이 아니라 상상력으로 매개된, 이를테면 자위의 쾌감이다. 그것은 몸을 비추기 위한 모든 거울의 방들, 예컨대 발레리나나 댄서의 연습실, 배우들의 분장실 같은 공간이 베푸는 마법이라 해도 좋을 것이다.

새해를 맞이할 때의 습관적 다짐들 가운데 '헬스장 등록'을 빼놓을 수 없는 까닭도, 운동이 지니는 표면적(심미적·기능적) 기대보다 더 심층적인 이유, 고통을 회피하고자 하는 본능에도 너끈히 맞설 만큼 검질긴 환상 본능, 혹은 재생과 부활의 원초적 충동에서 찾아야 할지 모른다. 그때의 피트니스센터는 언제나 원하는 대답만을 준비하고 있는 왕비의 거울방이 된다.

택 시

여론의 도마 위에 오른
여론의 나침반

찬물 들이켜다 시린 통증에 소스라친 뒤에야 치아의 존재를 인식하듯, 익숙한 것들의 가치는 대개 실재의 기능보다 부재의 불편을 통해 환기된다. '이가 또 말썽이네…….' 존재에 대한 인식은 그렇게 부정적인 맥락 안에 놓일 때가 잦다. 눈이라도 부릅뜨고 팔 걷어붙이기 전에는 온당한 대접을 기대하기 힘든 사회. 세상이 잘못 돼서 부당한 건지, 부당함 위에서만 세상이 서는 건지 아리송할 때도 있지만, 어쨌건 그건 인식의 게으름이다. 익숙함이라 쓰고 타성惰性이라 읽어야 할 그 게으름은 유적類的 존재라는 인간의 한계일지 모른다. 좋든 싫든, 상호의존적 관계의 주체들이 그나마 늘 삿대질하며 생색내지 않으면서 공존하게 하는 게 또 그 타성의 힘이기 때문이다. 물론 타성의 망각이 아니라

서울역 앞, 승객을 태우려는 택시 행렬이 염천교 너머까지 이어져 있다. 국민의 1/6이 매일 이용하는 택시는 믿든 곱든, 또 법이 뭐라 정했든 이미 대중교통수단이었다.

존중의 기억에 더 많이 기대는 사회일수록 공동체의 기품은 고양된다.

춥고 시린 밤, 발 동동 구르며 택시를 기다리다 보면 우리에게 택시가 얼마나 간절한 존재인지, 솔직히 말하자면 야속하고 짜증스런 존재인지 절감하게 된다. 지하철도 시내버스도 끊긴 시각, 몸은 파김치인데 눈발까지 날리고…… 서너 차례 승차 거부라도 당한 뒤라면 택시(기사)에 대한 앙심까지 품게 된다. 왜? 관념 속에서 이 세상은 항상 유기적인 공간이고, 모든 주체는 당연히 유기적으로 기능해야 정상이니까. 눈앞의 불편 앞에서 우리는 이 사회가 관념처럼 늘 유기적일 수 없다는 사실을 외면하거나 망각한다. 어긋난 톱니바퀴를 흘겨보며 걸어차기 바빠 윤활유의 점성을 점검하고 차축 배열을 살피는 데는 게으른 것이다. 그것도 역시 타성이다.

서울의 경우 택시는 하루 평균(12시간 기준) 250km를 달리면서 20명 안팎의 승객을 태운다. 2012년 기준으로 전국 택시 대수는 약 25만 5천 대이다. 쉬는 차를 감안하더라도 24시간 동안 1천만 명 이상이 택시를 이용하는 셈이다.

한 평도 안 되는 택시 공간은 사회 현안에 대한 토론 광장도 되고 인생 상담이 오가는 밀실도 된다. 달뜬 연인들의 데이트 공간도 되고, 어쩌다 이별의 공간이 될 때도 있다. 여론이나 소문, 유행, 업종별 경기 동향 등등이 모였다가 전파되는 중간 집하장 같은 공간이 어떤 취객에게는 세상에 대놓고 못할 말들을 쏟아 내도 뒤탈 없는 익명의 감정적 배설 공간도 되고, 드물게 범죄나 비행 추문이 발생하고 또 들통이 나는 현장이 되기도 한다.

승객들의 자잘한 즉흥 리얼 드라마가 이어지는 그 공간이 기사에게는 작업장(개인택시라면 사업장)이다. 그들은 사납금과 교대 시간에 겹으로 쫓겨 오줌 참고 끼니 거르면서 병을 얻기도 하고, 한 끗 차이로 장거리 대박 손님 놓칠지 모른다는 조바심에 신호 위반 딱지를 끊기도 한다. 바쁜 시간에 차가 퍼져버려 하루를 아예 공치기도 하고, 사고를 내는 바람에 목돈 박아 넣어야 하는 날도 있고, 모진 승객 만나 봉변을 당하는 날도 있다.

말인심 팁인심 후한 손님 덕에 새삼 살맛 나는 날도 있다. 택시 기사치고 기록적인 벌이의 기록 한두 개쯤 안 가진 이들은 드물다. '오늘'만 같으면 금세 개인택시 면허 따고, 아파트 대출금도 단박에 갚을 수 있을 것 같은 희망. 딱히 나은 대안이 없기도 하지만, 그 희망 때문에 핸들을 못 놓는 이들도 적지 않다고 했다. "저 모퉁이 돌면 장거리 손님이 서 있을 것 같고, 다음 모퉁이 돌면 그럴 것 같거든. 오늘은 공쳤지만 내일은 태우는 손님마다 길 뻥뻥 뚫리는 데로만 가잘 것 같고……." 희망이라 했지만 도박이라 해도 좋을 그 중독성 일상에, 알고 속고 모르고 속으면서 조금씩 지쳐가다 보면 나이는 들어 있고, 허리도 발목도 말을 잘 안 들어 싫어도 핸들을 놓게 된다고 했다. 그런 생각이 들 때면 난방 빵빵한 중형 세단의 안락한 좌석 위가 무기수들의 독방 감옥처럼 느껴질지도 모른다.

다양한 승객들의 자잘한 단막극들이 스쳐가는 동안, 택시 기사는 그렇게 자신만의 긴 애증의 장막극을 써내려 간다. 그 사연들을 알지 못하는 우리는 택시 바깥에서 보고 겪은 바에 근거해 또 나름의 관람평을 쓴다. 불친절, 승차 거부, 신호 위반, 꼬리물기, 끼어들기의 난폭 얌체 운전…….

2012년 어느 이른 겨울날, 인천의 한 택시 회사 기사 교대 시각인 4시에 차량 인수를 기다리며 모여 앉은 20여 명의 화제는 당연히 택시 대중교통 인정 여부였다. 엇갈리는 전망과 함께 버스업계에 대한 성토가 석유 난로 불기운만큼 격했다. 띄엄띄엄 섞여 있는 이심전심의 푸념들……. 대부분 가족의 생계와 자녀 교육, 노후 대비까지 책임져야 하는 가장들이다. 동전 가방과 커피 잔을 주섬주섬 챙겨 든 이들이 서둘러 어두운 새벽 속으로 사라지도록 자리를 뜨지 않은 한 사람이 있었다. 교대 차량이 아직 입고되지 않았다고 했다. "시간당 만 원 매출이 힘든 날도 흔해요. 하루 12만 원을 벌면 가스비 4만 원 쓰고 사납금 7만 원 제하고 나면 밥값과 담뱃갑 정도가 남죠." 그의 기본급은 월 60만 원이라고 했다. "젊은 사람들 중에는 전일 차량 받아 독하게 일해서 월 2백만~3백만 원 버는 사람도 있죠. 하지만 그렇게 하면 오래 못 버텨요." 하루 12시간 250km의 주행은 간신히 쓰러지지는 않을 강도의 노동이고, 월 150만 원 내외의 벌이는 딱 절망하지 않을 만큼의 돈이라고 했다.

차량을 늦게 입고한 기사는 돈(시간당 만 원)을 건네며 연신 사과했다. "입고하러 오던 길에 분당 가자는 손님을 만났어요. 왕복 한 시간 남짓 뛰면 6만 원이 생기는데 어떡합니까. 저 형님(교대자)은 양반이라 이해해 줬지만, 어떤 땐 육두문자에 멱살 잡히는 경우도 있어요."

현행법상 대중교통이란 불특정 다수가 이용하며 정해진 노선과 요금에 따라 운행되는 교통수단이다. 대중 교통수단이 아닌 택시는 엄격한 기본요금 규제를 받는 대신 연 7천 6백억 원의 유가 보조금과 부가가치세 보전을 받는다. 버스업계가 받는 정부 및 지방자치단체의 재정 지원과 혜택(연 1조 4천억 원)의 절반 수준에 불과하지만 종사자 숫자는 택시업계가 월등히 많다. 택시 기사들의 어려움이 법 탓만은 아니고, 법이 고쳐진다고 획기적으로 나아질 리도 없다. 법안 발의가 단순 정치공학의 수식으로 설명될 수 없듯이, 법 하나로 풀 수 없는 해묵은 문제들― 택시 과잉 공급과 수송 분담률 감소, 행정 편의적 요금 규제, 높은 실업률과 노사의 비대칭적 역학 관계 등―이 산적해 있다.

외면하지 말아야 할 것은 법안 자체에 대한 평점과 무관하게 여론이 직시해야 할 또 하나의 현실인 택시 기사의 처우가 이렇게나마 환기됐다는 점일 것이다. 좀 더 나아가자면, 누구도 먼저 편들어 주지 않고 스스로 세상을 향해 종주먹 들이대지도 못하는 어두운 공간 속 이웃들이 적지 않다는 사실이겠지만.

해가 바뀌면서 택시 논란은 일단 수그러든 듯하다. 늘 그래 왔듯이 택시 기사와 사업주 등 이해 당사자들의 요구를 정부가 일부 수용하는 수준에서 미봉됐다. 다시 말해 정부 차원에서 중장기적인 교통 수급 정책과 택시의 위상이 결정되고, 그 바탕 위에서 처우나 운행 규칙 등 문제를 풀어가지 않는 한 논란은 시차를 두고 거듭될 것이다. 그러면 우리는 또 논란의 본질과 맥락을 두고 예전과 별로 다르지 않은 지루한 다툼을 벌일 테고, 택시를 통해 누린 편리와 어떤 불편을 다시 떠올리게 될 테다. 그것은 어쩌면 우리의 일상처럼 당연하고 자명해 보이는 것들이 실은 늘 불안하게 흔들리고 있음을, 다만 잊고 있을 뿐임을 환기시키는 계기가 될지도 모른다.

교실

빛으로 채워진
기능 과잉의 공간

"직업 지위를 획득하는 데 교육의 영향력이 감소하고 있으며, 최근 출생 집단으로 내려올수록 직접적인 경제력 이전 등을 통한 계급 세습의 가능성이 커지고 있다." 한국교육개발원이 2011년 말 발표한 '교육과 사회 계층 이동 조사 연구' 보고서의 요지다. 교육 성취도와 사회이동의 상관도가 낮아졌다는, 즉 교육 사다리 기능이 점점 미덥지 않아지고 있다는 의미다.

"가계 빚에 허덕이면서도 교육비는 과다 지출하는 이른바 '교육 빈곤층'(에듀 푸어) 가구가 82만 4천 가구, 약 305만 명에 이른다." 현대경제연구원이 그즈음 조사한 '국내 가구의 교육비 지출 구조 분석' 결과다. 이들 가구 대부분이 가계 부채가 있는 평균 소득 이하 가구라는 점

교실 환경은 학교별 재정 여건에 따라 편차가 상당하다. 교육 환경 양극화, 학교 서열화 현실을 감안하면 대권 후보들의 공약이 실현돼 교육 사다리 기능이 복원되더라도, 사다리의 계단 간 격차는 대폭 축소돼야 한다. 그 경우에도 '교육'은 공교육과 대학이 독점하는 학벌이 아니라 보편적 배움의 정도라는 인식이 확산돼야 할 것이다.

에서 중산층이 붕괴할 위험마저 우려된다고 보고서는 밝혔다.

위의 두 연구 분석 사례를 엮어 보면 '감정적'인 의문 하나가 불쑥 치밀지 모른다. 장래를 올인all-in하는 자녀 교육이 바보 같은 짓이 돼가고 있다는데, 지금처럼 온 식구가 등골 빼가며 매달려야 하냐는 것이다. 사교육만의 문제도 아니다. 교육 사다리의 기능 자체가 의심받게 된 상황이니 공교육이 설 자리도 옹색해지게 생겼다. 성골(큰 교회 담임 목사 집안), 진골(힘 있는 장로 집안), 등골(보통 가정), 피골(오지 교회 담임 목사). 인터넷에 떠도는 저 냉소적인 우스갯말이 신학대에 국한되는 것은 아닐 것이다. 불행과 불합리를 과장한 면이 있지만, 한국의 교육과 학교는 지금 냉소하기 딱 좋은 자리에 서 있다. 하지만 더 서글픈 현실은 냉소만 하고 있을 수도 없다는 사실일 것이다. 그나마 그 길밖에 없으니. 그마저도 안 하면 더 암담해질 터이니.

자율학습이 한창인 수도권의 한 인문계 고등학교. 장황한 형광등 불빛에 교실들은 빛의 풍선처럼 부풀어 있었고, 공간 안에는 그늘 한 점이 없었다.

그늘이 없다는 것은 대개의 작업 공간이 그러하듯 기능이 중시되는 공간이라는 의미다. 교실의 조도는 학습, 즉 가장 효율적으로 활자를 읽고 쓰는 데 맞춰졌을 것이다. 첫새벽부터 마지막 학생이 교문을 나서는 한밤까지 한결 같은 빛의 공간. 속성 재배를 위해 24시간 불 밝힌 비닐하우스 안의 채소처럼, 학생들은 최소 하루의 절반 이상을 그 그늘 없는 공간 안에 머문다. 균일한 조도는 구성원을 관리·통제하는 데도 기여한다. 그것은 조건 반사에 반응하듯 학생 스스로에게 '빛=학습'이라는 무의식적 자율 통제 기제로 작동할 것이다.

그늘은 공간을 입체화하고, 공간에 생기를 부여한다. 공간이 입체화하면 사고도 경향적으로 입체화한다. 또 사고의 나래는 빛보다는 어둠, 평면보다는 굴곡 있는 입체의 공간 안에서 더 발랄해지기 마련이다. 현행 교육 과정들이 암기보다 중시한다는 이해와 창의, 다시 말해 곰곰이 생각하는 학습 행위에 대한 배려가 — 토막잠으로나마 시린 눈을 달래려는 학생에 대한 배려나 여유는 물론이고 — 그 빛의 공간 안에는 없다. 칠판 옆 수업 시간표로 대변되는 반복적 일상과 획일적 공간 배치, 책걸상 등 개성 없는 비품들. 교실 공간의 조도처럼 어쩔 수 없고 또 어쩌기도 힘든 교육 현장의 공간적 한계는, 그 속에서 청소년기의 10여 년을 보내야 하는 주체들의 영혼에 어떻게든 내면화할 것이다.

'역시 멋쟁이 토마토야', '바보 ××', '낙서 하지 마' 등의 책상 위 낙서와 하얀 교실 벽면을 의도적으로 더럽혀 놓은 듯한 신발 자국들은 기능 지상[주]의 그 획일화 기획에 저항하는 젊은 개성들의 소극적 항변처럼 보였다. 칠판 위에는 '깨어 있자'라는 급훈이 내걸려 있었다.

학교, 특히 대도시 학교들이 공간 부족으로 헐떡여 온 게 어제오늘 일은 아니지만 10년 전, 20년 전과 비교해도 교실은 표나게 옹색해 보였다. 교실 뒤는 사물함들이 천장 높이까지 틀어막아 벽을 가렸고, 옆 벽면으로는 난방 라디에이터가 놓였다. 게시판은 말 그대로 경시대회 일정 등을 알리는 유인물 정보 게시판으로 칠판 귀퉁이로 내몰렸고, 교단이 사라지면서 책상 첫 줄은 칠판 앞으로 성큼 다가섰다. 천장에는 대형 모니터와 선풍기들이 형광등 자리를 피해 매달려 있었다. 빈 공간, 빈틈을 찾기 힘들었다.

물론 이 변화는 학생 편의 시설 및 교육 기자재 확충의 결과이고, 교실은 기능적으로 개선됐다. 학교 전체를 보더라도 다양한 목적의 효율적 공간들―토론실, 영어전용실 등―이 새로 꾸며졌다. 하지만 정작 학생들이 자유롭게 누릴 수 있는 공간, 사고를 몽상으로 망상으로 확장할 수 있는 공간은 없거나 점점 사라지는 추세다.

요컨대 교실(학교)은 더 각박해지고 삭막해졌다. 교실이 단위 공간의 확장 없이 기능적으로 비대해(공간적으로 협소해)지는 동안, 교육 당국은 전인 교육, 인성 교육을 강화하겠다고 틈만 나면 강조했다. 저 아이러니에 대한 교육 현장 안팎의 시비가 없지 않았지만, 사회는 그 변화를 묵인하거나 방조했고, 또 부추겼다.

공간의 밀도와 인성의 관계를 굳이 들먹일 필요가 있을까. 근년 들어 더 잦아지고 야비해지고 있다는 학교 폭력의 책임은 소프트웨어보다 하드웨어에서, 사회 환경보다 교실 환경에서 먼저 찾아야 할지 모른다. 한 교사는 "교과교실제도 좋고, 혁신 학교나 특성화 사업도 좋지만 학급 정원 맞춰 책상 채워 넣기도 힘든 현실은 아는지 모르겠다. 그런 정책들보다 학급 정원을 줄여 숨통을 틔워 주는 것이 더 급하다"고 했다. 그 교사의 지적처럼 공간의 여백은 정서적 긴장을 완화하고 교류에 필요한 우호적 거리를 부여하는 기초 환경이다. 교사―학생 간 감정적 교류는 적지 않은 문제들을 사전에 해결하는 데 큰 도움이 될 것이다.

교실(학교)의 획일성이 세월과 함께 느슨해져 온 측면도 있다. 학교장(혹은 담임 교사)의 가치관이나 취향에 크게 좌우될 일이겠지만, 칠판 위 태극기와 교훈 급훈 액자를 떼어 낸 교실들이 적지 않았고, 책걸상 배열도 예전보다는 덜 군사적이었다. 크기는 왜소해졌으나 언로의 폭은 넓어진 듯 보이는 게시판도 있었다. 길다면 길고 짧다면 짧은 한 교실 1년 동거 세월의 기록을 스냅 사진으로 채워가기도 하고, 급우나 선생님에 대한 불만을 누구나 자유롭게(?) 쓸 수 있는 화이트보드가 내걸려 있기도 했다. '○○이, 손가락 나아라, 나으면 맞는다', '분홍색 빗 찾아가세요', '○○아, 결혼 잘 하고 오거라' 같은 낙서들은 공간적 제약과 기능적 억압에도 기죽지 않는 청소년들의 일상, 작지만 생기 넘치는 개성과 열정의 분출구로 보였다. 그 글들은 책상 낙서들처럼 교실이 사회의 수요에만 충실해야 하는 기능적 경쟁 공간일수만은 없다는 사실, 때로는 풋사랑의 공간도 되고 격렬한 다툼과 따듯한 사교와 우애의 공간이기도 하다는 현실을 애틋하게 환기해 주는 듯했다.

그곳은 가방 속에 커다란 베개 하나만 달랑 넣고 다니는 학생, 어차피 백지 답안지를 내게 될 모의고사를 보는 시간에 화장실 청소를 도맡아 하겠다는 '반 평균 까먹는 놈들'도 한 식구임을, 학칙을 거스르지 않으면서 과시할 수 있는 어쩌면 유일한 공간일 것이다.

사회가 어떻게 달라지고 교육 환경이 어떻게 변하든 교실이 경쟁으로부터 자유로운 공간이 될 수는 없을 것이다. 게시판 맨 위 '수능 D-○○일'이라는 굵은 푯말이 대변하듯, 그곳은 어쩔 수 없는 경쟁 공간이다. 내신 등급이 산출되는 시험 공간이고, 학교 생활 기록부의 성적 이외의 많은 항목들이 평가 받아 채워지는 공간이다. 친구와 나의 성적은 소수점 둘째 자리까지 비교돼 엇갈린 진로 앞에 나를 서게 할 것이다. 그리고 이 사회는, 말과는 달리, 여전히 학벌을 떠받들고 학력을 깐깐하게 따진다.

그즈음 청소년 인권 모니터단 'eyes'와 부천시 청소년 수련관 '와!락'은 '급훈 공모전'이란 걸 벌이고 있었다. 공모전 제목은 '급훈의 품격'이었다. "경쟁과 생존만을 강조하는 삭막한 급훈의 틀에서 벗어나 청소년들의 학교생활이 학급 공동체 안에서 보다 행복하고 즐거울 수 있도록 청소년들의 삶의 지표가 될 수 있는 의미 있는 급훈"을 공모한다는 거였다. 저들의 순수하고 해맑은 어조 안에 사회를 향한 비아냥의 기미를 감지하기란 힘들다. 하지만 저 애처로운 안간힘 앞에서 사회는 더 늦기 전에 그들에 대한 죄의식이라도 먼저 느껴야 할 것이다. 저들이 구할 품격의 급훈이 사회의 위선을 향한 통렬한 풍자가 될 수도 있을 것이다.

2 저기

낚시터

희망을 낚으며
자아를 긍정하는 공간

비껴간 좀 전 그 바람에 잠시 흔들렸던 걸까? 물그림자 따라 밤새 한
결같을 것만 같던 찌의 일렁임이 언뜻 수상쩍어졌다. 무료한 듯 풀려
있던 낚시꾼의 눈초리가 가늘어지고, 들숨의 정점에서 숨이 멎는다.
등에서 허리 그리고 장딴지로 이어지는 굵은 근육들이 팽팽해지고, 방
만하게 기울어 있던 몸도 이미 꼿꼿이 섰다. 2초, 3초, …… 5초. 반사
적으로 내뻗은 손은 흔들림 없이 낚싯대 위에 떠 있다. 굶주린 맹수가
먹잇감을 향해 내닫기 직전의 무호흡 상태. 그 짧은 긴장의 순간, 호흡
과 함께 낚시꾼의 시간은 멎고, 세상도 자전을 멈춘다. 어쩌면 그래서,
고대 바빌론 사람들은 신이 인간의 수명에서 낚시를 하며 보낸 시간
은 제해 준다고 믿었던 건지 모른다. 잦은 외침에 시달리면서 수많은

오래된 낚시꾼들은 대개 자신의 낚시 방식과 원칙 등에 대한 자부가 도저해서, 그 기준으로 낚시의 기품을 재고 꾼의 품계를 매기기도 한다. 사람마다 조금씩 다르지만 최고의 경지는 조선(釣仙), 즉 입신(入神)의 경지다. 소설가 이외수가 어느 책에선가 쓴 바, 물고기(혹은 낚시)란 '인간을 낚기 위한 자연의 미끼'다. 그 미끼를 흔쾌히 물겠다고 나서는 낚시꾼이라면 누구든, 조선의 자격이 있지 않을까.

신전과 공중 정원의 노역에 동원돼야 했던 바빌론의 시민들은 모처럼 쉴 수 있는 날이면 도시를 관통하는 유프라테스 강가에서 더러 낚시도 했을 것이다. 그 한때, 낚싯대를 드리우고 앉은 그 여유로운 시간만큼은 매정한 신의 눈초리로부터 벗어날 수 있었을 것이다. 그렇게 그들은 가혹한 세월을 견뎠을 것이다.

어쨌거나 애석하게도, 찌의 일렁임은 금세 원래의 리듬을 회복했고, 낚시꾼은 묶어 뒀던 숨을 풀며 다시 느긋한 자세로 되돌아왔다. 밤새 수십 차례 그러기를 반복하면서도 그는 불평하는 법이 없었고, 정 무료해지면 빈 낚싯줄을 거두어 미끼를 갈아 끼우곤 했다.

갑자기 찌가 노골적으로 흔들리더니 불쑥 솟아오른다. 그 솟구침은 불과 4~5cm도 안 되지만, 긴 시간의 정적을 견딘 낚시꾼에게는 동해의 일출보다 장엄하다. 수면을 째며 찌가 내닫는 것과 동시에 그는 낚싯대를 챈다. 주둥이가 찢어져라 내빼는 물고기의 사투에 낚시꾼도 혼신을 다해 맞선다. 그는 자신의 경험과 기술을 믿고, 낚싯줄의 힘을 믿는다. 그리고 정체가 드러날 때까지 자신이 낚은 것이 괴물 같은 대어일 것이라 믿는다. 낚아 올린 녀석들은 거의 늘 낚시꾼의 기대를 배반하지만, 좋은 낚시꾼은 실망하지 않는 법이다. 이번에는……. 그는 다시 찌를 던진다. 언제나 '다음'은 있고, 다음은 희망의 다른 이름이다. 그리고 그의 앞에는 한결같은 물이 있다. 이 행성 표면의 2/3를 차지한 거대한 이계異界. 찌와 함께 격렬하게 흔들렸던 그 낯선 세상도 거짓말처럼 다시 정적에 빠져들고, 낚시꾼도 폭포처럼 쏟아져 나온 아드레날린의 출렁임을 제 호흡으로 잔잔하게 잠재운다.

맨 처음 낚시를 시작한 이는 아마 천재였을 것이다. 고고학자들은 고대 혈거인古居人이 뼈에 남긴 도구 흔적과 뼈 무더기의 위치 등을 근거로 낚시가 약 150만 년 전 호모 에렉투스의 시대부터 행해졌다고 추론한다. 낚시는 짐승을 사냥하는 것보다 쉽고 덜 위험했을 것이다. 그들은 고지gorge(날카로운 뼈나 조개껍데기 등으로 만든 양날형 도구로 가운데에 구멍을 뚫어 실을 묶을 수 있게 되어 있다)나 창을 만들었고 곧이어 미늘을 고안해 냈다. 육식 동물들이 먹다 남긴 썩은 고기나 나무 열매를 먹던 그들에게 싱싱한 물고기는 신의 축복이었을 것이다. 농경이 시작되기 훨씬 전부터 그들은 물가를 누비며 낚시를 하고, 얕은 개울을 만나면 한데 어울려 물고기를 쫓기도 했을 것이다. 개중에는 그들 자신과 모든 뭍의 생명의 고향이 자신들이 마주하고 선 그 광활한 이계라는 사실을 어렴풋이 기억해 내곤, 풍요롭고 유구한 물의 존재에 고개를 숙였을지 모른다.

등 뒤의 세상, 그러니까 뭍에서의 삶은 언제나 허덕지덕했을 것이다. 굶주림과 추위와 힘센 짐승들의 섬뜩한 울부짖음 속에 남겨두고 온 힘없는 혈족들은 자신이 들고 갈 실한 단백질을 잔뜩 기대하고 있었을 것이다. 낚시라는 행위에는 그런 오래된 사연들이 깃들어 있고, 모든 낚시터는 그 숭고하고도 절박한 맥락 안에 아득히 이어져 있을 것이다.

이제 단백질을 얻기 위해 물가를 기웃거리는 사람은 드물다. 어로를 업으로 삼고 강이나 바다에 나서는 이들은 낚싯대보다는 주로 그물을 편다. 입질을 기다리는 대신 어군을 쫓아다니고, 몸의 감각보다는 초음파 어군 탐지기의 지시를 따른다. 그물로 그들이 잡는 것은 물고기지만, 대개의 생업이 그러하듯 그들이 구하는 것은 단백질이 아니라 돈이다.

낚시꾼에게 낚시는 노동이 아니라 유희다. 바다낚시를 즐기는 이들, 또 민물낚시꾼 중에도 낚은 것들을 먹는 이들이 있지만 그 행위조차도 섭생이 아니라 유희일 때가 많다. 이제 낚시(특히 민물낚시)는 잡아먹는 낚시가 아니라 놓아주는 낚시다. 그들은(대개는 남자다) 남자로서의 생물학적 책임 때문이 아니라 그 책임으로부터 잠시나마 놓여나기 위해 낚시를 한다.

낚시의 의미가 달라지면서 낚시터도 다양해졌다. 이제 농구장 두어 개쯤 붙여 놓은 듯한 웅덩이에 입장료를 내고 앉아서도 낚시를 즐기는, 처음엔 우스꽝스럽고 측은하기까지 하던 그런 사정도 그런가 보다 하게 됐다. 겨울 낚시를 위해 대형 비닐하우스를 두르고 난방 시설까지 갖춘 낚시터도 흔해졌고, 심지어 빌딩 속 수영장 같은 인공 수조에 둘러앉아 낚시를 하는 유료 낚시터가 생긴 지도 꽤 됐다. 탕 둘레에 빙 둘러앉아 몸을 씻는 대중목욕탕처럼, 채 1m도 안 되는 간격으로 줄지어 앉아 옆 사람(혹은 건너편 사람)의 낚싯줄과 엉킬까 봐 캐스팅(낚싯줄 던져 넣기)도 엉거주춤해야 하는 그런 곳에서의 낚시를 장난으로 여기는 이들도 있다.

수면은 한시도 잠잠할 틈이 없고, 물고기들의 동정까지 보일 만큼 빤한 물속이니 찌를 응시하는 재미도, 또 그럴 필요도 사실 없다. 잡은 물고기는 놓아주는 것이 원칙이고 또 예의다. 그래서 다음 손님을 위해 미늘 없는 바늘을 써야 하고 물고기 비늘 다칠 새라 뜰채로 떠올리도록 규칙을 마련해 둔 곳도 있다. 맥 빠진 기분 탓인지, 잡혔다 풀려났다 하는 데 이골이 난 물고기의 타성 탓인지, 바늘을 문 물고기의 몸부림조차 심드렁해 보일 때도 있다. 그래서 성취감도 시들하기 마련이다.

언제 어떤 어종을 몇 마리쯤 풀어 넣었다는 홍보 안내판은 중국음식점 메뉴마냥 대체로 뻔해서, 거기서 전설의 대어를 꿈꾸는 이들은 없다.

하지만 그런 곳도 엄연한 낚시터인 까닭은 물고기를 낚는 곳이어서가 아니라 낚시꾼들이 자신의 희망을 확인하고 지탱하는 곳이기 때문인지 모른다. 만년 스크린 골퍼들과는 달리, 그들은 이번 주말 혹은 월말 연휴의 희망을 그 옹색한 캐스팅을 통해서나마 확인한다. 그들이 거실 벽에 걸어 둔 월척(붕어 기준 한 자 이상) 어탁은 수시로 감격의 순간을 환기하고 타인에게 자신이 그쯤 되는 낚시꾼임을 자랑하려는 의도도 있지만, 다음에는 4짜(40cm 이상), 5짜 어탁을 그 곁에 걸겠다는 다짐, 또 걸 수 있다는 희망을 다지려는 의도도 있다. 그래서 야심 찬 낚시꾼은 벽에 걸린 어탁보다 그 곁의 빈자리를 더 자주 응시하며 백일몽을 꾼다. 주위의 누가 중독자라며 눈을 흘기건 말건, 그때의 거실 소파도 그에게는 가상의 낚시터가 된다. 또 중독이 된들 어떠냐고 말하는 이도 있다. 임상 심리학자이자 낚시광인 미국의 폴 퀸네트는 『인간은 왜 낚시를 하는가?』라는 책에서 마약이나 알코올 중독자를 위한 치료 프로그램으로서 낚시의 효용을 소개하며 "인간이 고통 대신 선택하는 것이 중독"이지만 "중독 가운데에는 낚시처럼 긍정적인 중독도 있다"고 썼다.

'인터넷 낚시질'이란 말은 낚시꾼들에게는 표피적 이해에 근거한 언어 폭력이다. 미늘 달린 바늘에 알량한 미끼를 끼거나 아예 가짜 미끼로 물고기를 현혹하는 얄팍한 행위로만 낚시를 치부하는 저 말은, 그들 입장에서는 사연과 맥락을 덮어둔 채 눈에 보이는 껍데기만으로 판단하고 규정하는 것이 얼마나 어처구니없는 짓인지를 보여 준다. 낚시꾼 입장에서 보자면, 저 말은 보고 싶은 것만 보고 거기에 자신의 욕망을 투영한 헛된 표현일 뿐이다. 사람들은 낚시터에서 조황釣況, 즉 잡은 물고기의 양을 살펴 이利를 따지지만, 좋은 낚시꾼은 맞섬의 양상과 질質을 전부로 안다.

생 초보가 아닌 한, 낚시꾼 대부분은 자기가 평균 이상 가는 실력자라고 내심 자부하는 법이다. 그래서 날이 저물도록(혹은 날밤 새고 해가 중천에 뜰 때까지) 한 마리도 못 잡고 있어도 자리를 뜨지 못한 채 '마지막 캐스팅'을 몇 번이고 반복하고, 그러다 주변의 누가 한 마리 잡으면, 다시 말해 누군가의 꿈이 실현되기라도 하면 마치 제 희망도 비로소 열린 듯 '이제 시작'이라며 새롭게 몸과 마음을 가다듬는다. 바람이 선득해지면 낚시꾼들의 마음은 설레기 마련이다. 수온이 식는 늦가을부터 대물들의 입질이 활발해지기 때문이다. 최근에 상수원보호구역에서 풀린 수로나 저수지가 어딘지, 또 어느 낚시터의 근래 조황이 좋은지 탐색하고, 새로 나온 채비들의 평판을 확인하고 장비를 챙긴다. '물 좋은' 곳이라면 어디든 떠도는 그들에게 낚시터는 멋진 자연과 고독, 때로는 가족보다 진한 결속감을 지니게 될 인연을 만나기도 하는 공간이다.

크기나 마릿수 못지않게 그들이 간직하는 승부의 기록에는 자신과 대결한 물고기의 근성도 있다. 속박에서 벗어나기 위한 야생의 몸부림, 그 자유반사의 격렬함의 정도로 물고기의 영혼의 크기를 잴 줄 안다면 그들은 이미 한 경지에 이른 낚시꾼이다. 그들은 "자유반사가 없으면 자유도 없고, 자유가 없으면 좋은 멸망한다"는 퀸네트의 멋진 문장에도 흔쾌히 공감할 것이다.

작 업 실

손이 손답게
활개치는 공간

일하는 공간을 뭉뚱그리는 이름으로 작업실(작업장)이 있다. 그 공간
은 넥타이보다는 땀 닦는 수건이 어울리고, 종이와 펜이 놓인 책상보
다는 연장이 널려 있는 허름한 작업대를 떠올리게 한다. 직장이 정적
이라면 작업실은 동적이고, 일터가 포괄적이라면 작업실은 특정적이
다. 한 직장 안에서 우리가 작업실이라 부르는 공간은 사무 공간과 구
분된, 특정 파트의 물리적 작용이 이뤄지는 공간일 경우가 많다. 작업
의 성과는 아이디어의 새뜻함이 아니라 제품의 미끈함으로 평가되고,
그 과정은 계산보다는 감각 경험이나 직관으로 수행된다. 그 공간에서
는 머리보다는 손발이 상대적으로 더 많이 활약하고, 입보다는 몸짓
과 표정이 효과적인 소통 수단이 된다. 자의적인 구분일 수 있지만, 여

고급의 의미로 쓰이는 수제(手製)나 핸드메이드라는 말에는 기계가 인간의 노동을 전면적으로 대체함으로써 잃게 된 가치, 왜소해진 손의 역할만큼 희소해진 손의 기능에 대한 애착이 스며 있을 것이다. 하지만 손은 누구의 것이든 쓰기 나름이고, 작업실은 그 손이 머리 위에서 활개칠 수 있는 공간이다.

기서 상정한 작업장이 그런 공간이다. 요컨대 그곳은 육체적인 공간이다. 생계의 필요나 자아실현처럼 거창하고 절박한 의미 바깥에 놓일 수 있는, 예를 들어 재미 삼아 아이 책꽂이를 만드는 주부의 아파트 베란다나 빈 방, 미국 드라마에 이따금 등장하는, 뭔가를 만들고 수리하는 집 귀퉁이 차고 같은 곳이 나의 작업실이다.

그 공간은 이윤이나 (재)생산보다 작업의 과정을 우위에 두므로, 모든 게 상품화하고 모든 행위가 전문화하는 자본주의 체제의 기획 바깥에 놓일 수 있는 공간이다. 자아의 확장처럼 뚜렷한 지향이 없으므로 공간 자체의 정체성도 모호한, 규정 너머의 공간. 물론 수행되는 주된 행위에 근거해 공방이나 화실처럼 그 공간에 이름을 부여할 수는 있지만, 여기서 그 이름은 어떤 내적 강제력도 외적 구속력도 없는 명목일 뿐이다. 머리로만 하는 일이 아니라면 뭐든 할 수 있고 가끔은 아무 것도 안 해도 좋은, 열심히 해도 되고 빈둥빈둥 흉내만 내도 좋은, 가상의 어떤 공간을 떠올려 보자.

낮에는 직장 생활을 하고 퇴근한 뒤 나무로 가구 만드는 일을 하는 한 40대 남자를 안다. 늘 고되지만 덧없고 보람 없다 느껴질 때가 더 잦은 일상. 그는 하루하루의 결핍을 알량한 월급으로 위안 삼으며 그럭저럭 버텨 가는, 고만고만한 사람이라고 스스로를 소개했다. 몇 년 전 그는 마음 맞는 친구들과 서울 변두리 집 근처 허름한 지하실에 작업실을 꾸몄다. 재미로 시작한 일에 조금씩 실력과 자신감이 붙으면서 그는 그 일이 제2의 직업이 될 수도 있고, 아니어도 노년의 시간을 덜 허전하게 해줄 소일거리는 되리라 기대하는 눈치였다. 그가 인터넷 블로그에 올린 공개 일기 몇 토막이다.

밤을 위해 낮을 견디는 사람이 있고, 낮을 위해 밤을 보내는 사람이 있다. 나는 대체로 전자™다. 마르크스가 들었다면 혀를 찼겠지만, 돈을 벌기 위해 일을 하면서 그 일이 의미 있기를 바라는 것은 인간의 몰염치라고 주장한 이(조지 산타야나)가 있었다. 그의 냉소가 요즘 내겐 위안이 된다. 이 공간(작업실)에서 보내는 시간이 조금씩 길어지고 있다.

늦은 밤, 텅 빈 작업실에서 대패를 들고 놀았다. 벌주는 선생님처럼 단호하게, '내가 웃을 수 있을 때까지……'라는 단서를 달고 시작한 대패질. 깎여나간 대팻밥들이 거치적거릴 즈음이면 대패질에도 리듬이 생기고, 그 리듬을 깨기 싫어 몸짓─대패질은 팔만이 아니라 상·하체와 허리가 유기적으로 움직여야 가능한 전신 노동이다─을 멈출 수 없게 된다. 20분쯤 뒤 문득 대패질을 멈추고 히~죽 웃었다. 뭔가가 있어서 웃는 게 아니라 그냥 웃게 되는, 얼굴이 먼저 웃고 마음이 따라가는 육체적인 웃음. 그사이 부재部材로 쓸 나무들이 제법 반반해졌다. 나무들처럼, 내 삶도 세상도 조금은 만만하게 느껴진 까닭일까.

이런 구절도 있다. "이따금 나는 이 지하 공간이 산소실 같고, 수술 환자의 회복실 같다. 또 어떨 땐 세상의 모든 관계로부터 나를 분리시킬 수 있는, 사이 공간 같기도 하다. '관계의 미학은 사이의 미학이고, 사이가 무화無化될 때 관계는 억압이 된다' 하던 어떤 시의 한 구절을 떠올리고 있다."

그의 작업실은 허름하고 어수선했다. 커다란 목공 기계들이 있어 그럴싸해 보이긴 했지만, 톱밥과 먼지 구덩이에 아무렇게나 널려 있는 연필이며 끌, 대패 등 손 공구들 꼴에서는 전문 작업 공간이 지녀 마땅할 정돈된 규율을 느끼기 힘들었다. 규율과 질서는 안전과 효율의 전제 아닌가. 그는 이렇게 말했다. "작업을 하다 보면 금세 이리 돼요. 작업 마치면 대충 정리를 하지만 지금처럼 살짝 어질러져 있는 게 오히려 편해요. 마음이 여유로워지거든요."

그가 말한 여유란 소설로 치자면 이야기의 모티프와 주인공의 캐릭터가 정해진 뒤 작가가 느끼게 된다는 처음의 안도 같은 걸지 모른다. 한 문장 한 문장 쥐어짜듯 '창작'하는 게 아니라 주인공 스스로가 만들어가는 이야기를 따라가는 단계. 목수로 치자면 거친 나무에 처음 대팻날을 박을 때의 머뭇거림을 넘어선 단계다. 처음 대패질을 할 때 목수는 결에 맞게 대팻날을 댔는지, 미처 보지 못한 옹이는 없는지, 나무의 결이 변덕을 부려 대팻날의 동선 안에서 엇결로 흐르는 건 아닌지 불안하다. 어떤 목수도 그가 마주한 나무의 전모를 파악할 수는 없기 때문이다. 그렇게 조심스럽게 나무의 개성을 파악하고 또 어느 정도 이해한 뒤의 자연스러운 작업 리듬. 몰두가 시작되는 단계. 그것이 풍경으로 치자면 작업장이 살짝 어질러진 상태일지 모른다.

그러다 다칠 때도 있다고 했다. 방심을 여유로 착각해서 다치기도 하고, 거꾸로 너무 몰두하다가 다치기도 한다는 것이다. "아주 몰두하다 보면 끌이 손가락 같고 칼날이 대수롭지 않게 여겨질 때도 있어요. 트랜스 상태라고 할까……, 그런 게 있어요. 이렇게 말하면 대단한 장인이라도 되는 양 되롱거린다 싶겠지만 그건 경력이나 숙련도와는 큰 상관이 없어요."

육체적으로 버겁고 기술적으로 막막해 중간에 내팽개치고 싶어질 때도 있지만, 아무나 붙들고 자랑하고 싶을 만큼 뿌듯해질 때도 있다고 그는 말했다. 머리로 디자인한 무언가가 손과 나무의 작용–반작용을 통해 조금씩 변형되면서 구체적인 형태를 찾아가는 과정, 완성된 가구가 예쁘든 밉든 세상에 나서서 충실히 제 기능을 해내는 순간의 감동을 그는 전해 주고 싶어 애달아했다. "첫 디자인대로 가구가 만들어지는 경우는 많지 않아요. 변수가 많거든요. 나무가 말을 안 듣기도 하고, 손이 엉뚱하게 움직이기도 하고……. 어떨 땐 손과 나무가 디자인을 한다는 생각, 머리를 비웃고 있다는 생각이 들 때도 있어요. 그럴 땐 짜증스럽지만, 또 어떨 땐 그게 더 나은 결과로 이어지기도 해요. 세상 사는 게 생각처럼 안 된다는 말에 '빨간 머리 앤'이 그러잖아요. '와, 멋진 걸! 생각지도 않은 일이 막 생긴다는 거잖아!'"

그는, 머리가 뭐라 하든 작업실의 최종 결정권자는 손과 연장이라고, 작업한 걸 죄다 버리고 새로 시작할 생각이 아니라면 손을 따라가는 도리밖에 없다고도 했다.

> 드물긴 해도, 나무와 내가 밀착한 느낌이 들 때가 있다. 빈틈없이 포옹한 채 서로를 어루만지고 있는 듯한 느낌, 함께 조금씩 더 황홀한 높이로 떠오르고 있다는 느낌! 그런 느낌은 작업을 순조롭게 마무리한 뒤, 모든 여분의 에너지를 방전한 뒤 공백 속으로 스미듯 찾아온다. 중독성 쾌락!

노동의 치유력, 특히 기술이 수반된 손작업이 정서에 기여하는 바를 설득력 있게 주장해 온 이 가운데 에릭 호퍼 Eric Hoffer가 있다. 떠돌이 노동자 출신인 이 미국의 사회철학자는 만년의 자서전에서 "실질적인 생활은 일(직업적 일)이 끝난 뒤에 시작되어야 한다"고 말했다. "의미 있는 생활은 배우는 생활입니다. 사람은 자신이 자부심을 가질 수 있는 기술을 습득하는 데 몰두해야 해요. 나는 기술 요법이 신앙 치료나 정신 의학보다 중요하다고 믿고 있어요." 10대에 부모를 여의고 오렌지 행상, 식당 웨이터 보조, 야적장·과수원·사금 채취장 노동자로 살면서 독학한 그는 훗날 저술가로 교수로 칼럼니스트로 활동하며 50대 중반부터 캘리포니아 부두 노동자 일을 그만두고 집필에 전념한 뒤로도 자신의 경험과 사유를 전파하는 데 온 힘을 쏟았다. 그는 숙련공들이 제 기량을 보여 주고 흥미를 보이는 이들에게 그 기술을 가르칠 수 있는 공간이 도시마다 있어야 한다고 주장하기도 했다. 책 읽는 도서관처럼 공공의 작업장이 도시 공간 안에 필요하다는 것이다.

나치즘과 광신적 종교 운동, 민족 운동 등 열정적 대중 운동의 공통적 속성을 파헤친 그의 첫 저서이자 대표작 『맹신자들』에도 비슷한 구절이 나온다. 그는 "현대에 수공예가 쇠퇴한 것이 어쩌면 좌절감이 상승하고 대중 운동에 호응하는 개인이 증가하게 된 원인일 수 있다"며 "자기 손 안에서 나날이 세계가 성장하는 것을 보는 것만큼 자신감을 떠받쳐 주고 자신을 받아들이게 하는 것도 없다"고 썼다.

건강한 삶과 사회를 위한 개체적 각성과 노력에 방점을 찍음으로써 사회구조적인 모순을 등한시했다는 비판이 가능하지만, 그의 인간에 대한 통찰과, 주체 자유에의 열망 그리고 그 바탕에 놓인 '인간의 손'에 대한 신념은 언제 읽어도 매력적이다. 그것은 자신의 온 생애를 지탱한 신앙의 일부였다. 1974년 72세의 에릭 호퍼는 「샌프란시스코 크로니클」과의 인터뷰에서 이렇게 말했다. "한평생 나는 모든 사색을 분주히 돌아다니면서 해왔습니다. 번쩍이는 모든 생각들은 일을 하던 중에 떠오른 것들입니다. (……) 그러다가 은퇴를 하고 나서 나는 세상의 모든 시간을 내가 다 차지했어도 뭘 할 수 없다는 걸 알았습니다. 아마 머리를 아래로, 엉덩이를 위로 하는 것이 사유의 가장 좋은 자세일 겁니다. 동시에 두 방향으로 끌어당기는 것은 영혼의 스트레칭이라고 할 수 있습니다. 그 방법은 아주 생산적이지요."

사이 공간으로서의 작업실이 사치스러워 보일 수도 있겠다. 먹고 사는 일에 온통 매달려도 하루가 모자란 이들, 아예 일이 없어 생계가 막막한 이들에게 작업실의 의미는 평범한 직장인이 자신의 일터에 대해 느끼는 감정과 별로 다르지 않을 수 있다. 주문 날짜에 맞추기 위해 땀 닦을 새도 없이 해내야 하는 대패질에서 쾌감을 찾기란 불가능할 것이다. 또 중세 장인 길드의 도제식 작업장, 근대 이후 특히 포디즘 Fordism의 득세 이후 찰리 채플린의 영화 속 장면들과 본질적으로는 달라지지 않은 대규모 분절된 노동 공간으로서의 작업장에서 우리는 부정적이고 병적이기까지 한 이미지에 사로잡혀 있는지 모른다.

하지만 모든 작업실이 물리적으로 특화된, 특별한 공간일 필요는 없다. 방이나 마루 한구석이어도 되고, 책상이나 밥상이라도 상관없다. 다만 일과 일상의 관성에서 벗어나 각자가 좋아하는 무언가(그것이 뭐든)를 손으로 할 수 있는 공간이면 되니까. 정말 필요한 것은 물질적 여유가 아니라 심리적 여유일 것이다.

저 공간이 또 누구에게는 막연히 멋져 보일지 모른다. 마음은 끌리지만 덤벼 볼 엄두를 내지 못하는 이들, 특별한 용기나 재능, 그리고 긴 시간을 써야 얻을 수 있는 전문적인 기술이 필요하다고 생각하는 이들에게 작업실은 재능 있고 여유로운 소수의 특권적 공간처럼 여겨질 수도 있다. 하지만 처음부터 전문적일 수는 없고, 또 끝내 전문적일 필요도 없다. 기술이나 도구, 재료 등에 대한 정보는 인터넷 모임 등만 살펴도 널려 있기 때문이다. 필요한 것은 결단과 얼마간의 계획이다. 정말 중요한 것은 꿈이다. 공간을 꿈꾸는 것은 그것만으로도 삶을 견딜 만하게 해준다.

서 울 역

온기와 표정을 잃어버린
도시의 얼굴

역驛의 자리는 상징적으로 변방이다. 서울역을 서울의 관문이라고 할 때, 모든 관문이 놓이는 자리가 한 공간의 가장자리라는 점에서 그렇다는 얘기다. 긴 여행이 끝나 열차에서 내린 승객이 낯선 도시의 풍경을 처음 마주하는 자리가 역 광장이다. 그때의 역전은 자신이 살았던 도시와 새로 깃들여야 할 도시가 만나는 경계, 다시 말하면 회랑 같은 통로 공간이 된다. 익숙한 고달픔의 세월로부터 불안한 희망의 시공간으로의 전이. 사정이야 다 다르겠지만 행복한 사람이 자진해서 제 행복이 깃든 자리를 뜨는 경우란 드물 테니까. 어쨌건 역(그리고 역전)은 거처를 옮기는 이들에게 과거와 미래가 급한 구비로 휘어지는 현재의 자리이고, 또 어디든 튼실하게 자리잡은 이들에게는 추억의 공간이다.

철도공사는 서울역 공간 개선을 위한 '대한민국 서울역 재창조' 프로젝트를 추진 중이다. 그 일부로 대합실에 전통공예품 매장을 신설했고, 여행 장병 라운지 등을 새 단장했다. '재창조'라는 웅대한 이름에 견줘 다소 사소해 보이는 저런 계획들 이면에 감춰 둔 회심의 뭔가가 있는 것일까.

그리고 역은 잠깐 머물다 스쳐가는, 덧없는 공간이다. 영리하게 살아 삶의 행로도 미끈한 사람일수록 역에 머무는 시간은 짧다. 열차 예약 승객들은 출발 전에 화장실에 들르거나 가볍게 차 한 잔 마실 수 있을 만큼의 여유, 말하자면 적당히 낭비해도 좋을 만큼의 여유를 깍쟁이처럼 계산해서 역에 도착한다. 마치 저만치서 다가오는 걸인의 애절한 시선에 눈이 맞아버려 하는 수 없이 호주머니에 손을 넣어 동전의 크기와 개수를 헤아리듯이. 그의 시선은 시계와 탑승 시각을 알리는 전광판, 혹시 배웅 나온 친지가 있다면 그들과 가끔 눈을 맞출 뿐 좀체 두리번거리는 법이 없다.

하지만 시야 바깥에는 거의 언제나, 역에 오래 머무는 이들이 있다. 출발 시각을 잘못 알고 나왔거나, 미처 예약을 하지 못해 하염없이 빈자리를 기다려야 하는 사람들. 언제 도착할지 모르는 지인을 마중 나왔을 수도 있고 딱히 할 일이 없어 일찌감치 나왔을 이들도 있다. 또 삶의 한순간 길을 잘못 들었다가 아주 잃어버린 이들, 잃어버린 무언가를 찾다가 발을 헛디뎌 치명적으로 자빠져 버린 이들, 그 참에 될 대로 되라는 심정으로 아예 퍼질러 앉아 버린 이들도 있을 것이다.

노숙자들이 역 주변에 집착하는 까닭은 우선 그 공간이 벽과 문과 지붕을 가진 '집'이면서 누구에게나 항상 열려 있는 공간이기 때문이다. 그곳은 늘 인파로 북적대지만 그 번잡스러움 속에 익명으로 숨을 수 있는 공간이다. 분주한 시선 안에서 별 볼 일 없는 광경쯤은 금세 미끄러진다는 사실, 자신의 누추한 인생이 관찰 당하거나 추궁받지 않을 수 있다는 판단이 거기 있다. 역(광장)이 상징적 변방이라면 그들의 자리는 변방의 가장 후미진 곳이 될 것이다.

역에 대한 그들의 애착은 또 어쩌면, 부푼 첫걸음을 내딛던 처음의 시간, 그 격렬한 전이의 순간에 대한 기억이 공간 안에 아직 어룽거리고 있고, 남은 생애 동안 다시 찾고자 하는 뭔가가 간절해질 때 지체 없이 열차에 오르겠다는 의지가 무의식 속에 남아 있기 때문일지도 모른다. 그 뭔가는 고향일 수도 있고, 그리운 누구일 수도 있다. 그런 이들은 비록 부랑자로 떠돌며 노숙을 하더라도 동료 간의 에티켓과 바깥세상에 대한 예의를 안다. 목숨 부지하는 일이 버겁다 보니 거칠어질 때도 있지만, 무례나 마찰은 어느 집단에나 있는 법이다.

철도청 홍보물을 보면 2004년 4월 KTX 개통과 함께 문을 연 현 서울역(서울통합민자역사)의 콘셉트는 '국제공항 같은 역사'라고 한다. 투명 유리 외벽에 도심 실내 공간으로는 드물게 넓은 5천 평 가까운 면적. 거치적거리는 시설물까지 최소화함으로써 극대화한 시야감은 그 공간을 마치 실내 광장처럼 보이게 한다. 서울역은 과연 국제공항의 외양을 파격적으로 본뜬 듯했다.

대합실은 크게 승강장과 매표소, 휴게 공간으로 나뉜다. 내가 역을 둘러본 날은 10개의 매표창구 앞에 약 1백여 명의 사람들이 차례를 기다리고 있었다. 대합실 중앙에서는 철도공사 직원들이 커다란 테이블 위에 컴퓨터 모니터와 스마트폰을 설치해 놓고 '셀프 티케팅'을 시연하는 홍보 캠페인이 한창이었고, 뒤로는 "아직도 줄 서서 기다리십니까. Smart한 고객님 Speedy하게 기차 타세요!"라는 문구의 대형 플래카드가 걸려 있었다. 공교롭게도 발권 창구보다 훨씬 너른 공간을 차지하고 선 자동발매기들은 대부분 놀고 있었다. 철도공사측은 스마트폰이나 SMS 등을 이용한 셀프 티케팅 비율이 약 56.9%(2011년 8월

말 현재, 전국 집계)로 전반적으로 늘고 있는 반면, 자동발매기 이용률은 10.1%로 소폭 감소 추세라고 설명했다.

철도공사에 따르면 서울역 이용객은 하루 평균 약 13만~15만 명(배웅객 포함), 명절에는 최대 20만 명에 이른다. 이들이 앉아 쉴 수 있는 의자는 2층 대합실의 경우 3인용 벤치 서른 개 남짓이 전부다. 평일 오후라 대합실은 한산했지만 벤치는 거의 만석이었고, 혹 빈자리가 있어도 낯선 이들 사이에 껴 앉기엔 민망하리만치 비좁았다. 벤치에는 한 사람 분 간격마다 턱이 져 있었다. 노숙자가 잠자리로 이용하는 것을 막기 위해서거나, 한 사람의 방만한 휴식으로 다른 사람이 이용할 수 없게 되는 경우를 막기 위해서일 것이다.

그러니 현장 매표를 했거나 다른 사정이 있어 대합실에서 한두 시간 혹은 더 오래 머물러야 하는 이들은 어쩔 수 없이 역 대합실 벽면을 따라 늘어선 커피숍이나 빵집 식당 등을 이용해야 한다. 아니면 신문지를 깔고 바닥에 앉거나. 서울복합민자역사의 연면적은 약 2만 8천 평이다. 그 가운데 상업 시설이 약 1만여 평으로 역무 시설의 약 2배에 이른다. 서울역 대합실은 그 이름처럼 승객들의 필요와 편의를 위해 배려된 기능 공간이지만, 이름 앞에 붙은 '복합민자'가 의미하듯 철저히 계산된 이윤 창출의 공간이다. 실내 광장처럼 드넓은 대합실은 한산했지만, 역설적으로 잉여의 공간은 없었다.

서울역은 실내 광장을 얻은 대신 옛 광장을 빼앗겼다. 서울역 간판은 복합 건물 중앙에 달렸지만 실제 역은 왼편 구석으로 밀려났고, 실제로 광장과 면한 중앙 건물은 백화점과 대형 음식점이다. 그나마 광장 면적도 도로에 잠식돼 옹색해졌고, '시내버스 환승센터'의 가드레일로 차단됐다. 이름뿐인 광장에서는 한 직능 단체의 '○○법 결사반대' 집회가 한창이었고, 노숙자 20여 명은 자신들의 무료한 시간과 한 끼의 식사를 교환하기 위해 한 선교 단체의 상설 천막 안에 모여 설교를 듣고 있었다. 천막 귀퉁이에서는 이발 봉사자들의 손놀림이 분주했다.

서울역은 1900년 7월 5일 경인선 전 구간 개통식과 함께 '남대문 정거장'이라는 이름으로 영업을 시작했다. 염천교 아래 10평 크기의 목제 바라크 건물이었지만, 서울의 정문 숭례문 앞에 기차 정거장이 들어선 것은 당연하고 또 자연스러운 발상이었다. 1905년 1월 경부선을 개통하고 이듬해 경의선이 열리면서, 또 경성부의 인구가 늘면서 '정거장'은 점차 수용 한계에 봉착했을 것이다. 일제는 남대문 정거장을 '경성역'으로 개명하면서 1922년 6월 신축 공사를 시작한다. 한국은행 본점을 설계한 다쓰노 긴코(辰野金吾)의 제자 쓰카모토 야스시(塚本靖)가 설계한 비잔틴 양식의 경성역(25년 완공)은 한반도 철도 교통의 중추로 기능하며 1947년 서울역으로 개명했고, 신청사가 서면서 2011년 8월 '문화역 서울 284(사적 제284호)'라는 이름의 문화예술 공간으로 바뀌었다. 「운수 좋은 날」(현진건, 1924)의 김첨지가 인력거를 대놓고 손님을 기다리고, 박태원의 '소설가 구보씨(의 일일, 1934)'가 막연한 외로움을 달래며 배회하던 곳이 그 어름이었을 것이다.

이제 광장은 미리 집회를 신고한 이들의 배타적 공간으로 변했고, 자투리 공간은 역을 스쳐가는 이들의 이동 통로로서만 제 기능을 유지하고 있다. 노숙자들도 눈에 띄게 줄었다. 서울시와 서울역 측이 2011년 "국민에게 안전하고 쾌적한 서울역을 되돌려주기 위한 최소한의 조치로" 노숙자 강제 퇴거를 단행했기 때문이다. 그들은 인근 지하보도나 지하철 역사로 이주했다고 한다. 공간화하지 못하는 기억들이 불모의 시간에 얹혀 표정 잃은 서울역 공간 안팎을 미련처럼 떠돌고 있었다.

대도시의 역은, 기능적으로는 광역 공간의 심장 같은 곳이다. 하루치의 노동을 위해, 혹은 한철 한 생애의 터전을 찾아 도시에서 도시로 이동하는 사람들이 쉼 없이 드나드는 곳. 그렇게 역은 도시의 박동을 이어간다. 심장의 생명은 온기다. 역사가 도심 한복판에 자리 잡고 있는 것도 저런 사정과 무관하지 않을 것이다.

1900년 그 자리에 역이 선 이래 1백여 년 동안 서울역은 용산역과 함께 숱한 이들의 기대와 낙담이 교차해 온 공간이다. 러일 전쟁의 군인과 군수품이 실렸던 곳이고 일본으로, 또 전쟁터로 징용 가던 이들이 거쳐갔던 곳이다. 한국 전쟁의 피난 열차와 전후 복구 물자가, 또 파월 장병들이 그곳을 통해 수송됐다. 60년대 이후 「이별의 부산 정거장」과 「비 내리는 호남선」, 나훈아의 「고향역」을 떠난 열차가 마지막으로 닿은 곳도 서울역이었다. 서울 구로공단 60년의 역사, 이른바 '한강의 기적'이라는 걸 만든 이들이 그렇게 서울을 찾아 들고 또 더러는 떠나갔을 것이다. 그리고 서울역은 넉넉하지 않은 이들이 서로 부대끼며 생계를 기대던 진한 삶의 공간이기도 했다. 그런 자잘한 삶의 이야기들은 이제 김기찬의 사진집 『역전 풍경』이나 사료집을 통해서만 고독하게 추억되고 있다.

증기 기차나 비둘기호 완행열차가 다니던 시절과 KTX가 항공기와 경쟁하는 시대의 역사 풍경은 다를 수밖에 없다. 그리고 정부와 지방자치단체의 관광 홍보책자들이 내세우듯, 관문으로서의 역은 도시의 얼굴이다. 하지만 자신을 드러내기보다 멋져 보이는 남과 닮아버린 얼굴, 온기 잃고 이야기를 품지 못하는 얼굴이 우리가 지향해야 할 아름다운 얼굴일 수 없을 것이다. 공간의 표정은, 그 공간 안에 깃들인 사람들의 표정을 바꾸기도 한다.

찜질방

진화하는
온기의 공간

찜질방이 처음 등장한 게 IMF 외환위기 직후인 1990년대 말이다. 도산, 폐업, 실직……. 오그라든 형편이 언제 펴일지 너나없이 막막했고, 작은 마음 하나 허투루 부릴 여유가 없던 시절이었다. 그런데 찜질방이라니! 집이든 식당이든 널린 게 방이고, 정 원하면 보일러만 좀 넉넉하게 돌리면 되는 일. 창업이 유행이라더니 별 시답잖은 창업도 다 있네, 하던 이들이 많았다. 누구든 생각할 수 있을 법한 그 아이디어를 처음 창업으로 연결 지은 이가 누군지는 확실치 않다.

하지만 찜질방은 그야말로 '대박'이었다. 불과 몇 년 사이 찜질방은 온갖 요란한 이름들을 달고 우후죽순처럼 문을 열었고, 전국 어디를 가든 병원 약국은 안 보여도 찜질방은 눈에 띌 정도였다. 하지만 찜질방의 탄생과 양적 팽창보다 더 놀라운 것은 정체성과 제 이름의 규정력조차 허물어뜨리며 주변 업종들을 포섭해 간 변이의 성장사였다.

2006년 강준만 교수는 『한국생활문화사전』이라는 책에서 현대인이 열광하는 '멀티태스킹 미학'의 한 사례로 찜질방을 소개했다. 그는 찜질방이 한국인의 독특한 목욕·발한 문화에서 응용돼 나온 뒤 다양한 오락 기능을 덧대가며 종합 놀이공간으로 빠르게 진화했고, 그 결과 현대인의 다양한 욕구를 '원스톱 서비스'로 충족시켜 주는 공간으로 자리잡았다고 썼다. 과연 찜질방은 PC방, 오락실, 노래방, 수영장, 회의실, 식당, 영화방 등등을 제 안에 아우른 실내 여가 문화의 총화 공간으로 자리잡았고, 한창때는 기업들의 회의 장소로, 또 증권사 투자 설명회의 장소로 활동된 예도 있었다. 2006년 통계청은 소비자물가 산정 대표품목으로 찜질방 요금을 포함시켰다.

하지만 목욕·발한 문화를 한국의 고유 문화라고 단정하기는 어렵다. 이슬람의 증기탕, 북유럽의 사우나가 있고, 고대 로마의 목욕 시설에도 바닥을 우리의 온돌처럼 데워 땀이 나게 한 시설이 있었다고 한다. 사실 '멀티태스킹' 목욕 공간 미학의 원조 역시 고대 제정 로마시대 공공목욕장에서 찾는 게 타당한 듯하다. 최정동의 『로마 제국을 가다』란 책에는 이런 구절이 나온다. "목욕탕은 로마인의 생활에 필수였다. 이곳은 위생을 위한 것만이 아니라 시민, 노예, 부자, 빈자 누구나를 위한 공공의 장소였다. 이곳에서 그들은 목욕뿐 아니라 운동, 사교, 독서, 식사, 쇼핑까지 할 수 있었다. 현대로 치면 도서관, 미술관, 쇼핑몰, 바, 식당, 스파, 체육관까지 겸한 복합 건물의 형태였다."

로마인들에게 그 시설은 '(목욕)탕'이나 '(찜질)방'이 아니라 '(공공욕)

장場'이었다. 라틴어로 '테르메thermae'라 부르는 로마의 공공욕장은 그
만큼 열린 사교의 공간, 여가의 공간이었고, 요즘 식으로 보자면 목욕
을 즐길 수 있는 도심 공원이라 하는 게 적당할 것이다. 로마의 황제들
은 시민들의 환심을 사기 위해 경쟁적으로 욕장을 지었고, 어미가 보
는 앞에서 동생을 죽이고 황제가 된 카라칼라Caracalla는 무려 1천 6백
명을 동시에 수용할 수 있는 대욕장을 짓기도 했다. 현재 바티칸 박물
관에 소장된 헬레니즘 예술의 걸작 '라오콘 군상'이 카라칼라 대욕장
의 장식품 가운데 하나였다.

레이 로렌스의 『로마제국 쾌락의 역사』 등 다양한 책들이 소개하는
로마의 목욕 문화를 보자면, 시민들은 노예를 대동하고 목욕탕에 들러
몸도 씻고 지인들과 대화도 하고 책도 읽고 휴식을 즐겼다. 그곳은 간
통·난교·매춘의 공간으로 활용되기도 했다.

진화는 도태를 딛고 서는 단어다. 찜질방 멀티화는 업소 간의 치열한
시설·규모·아이디어 경쟁의 과정이자 결과였다. 찜질방의 등장과 함
께 동네 목욕탕들이 맞닥뜨렸던 운명처럼 찜질방의 대형화, 멀티화는
원년의 수많은 군소 찜질방들을 도태시켰다. 이제 살아남은 거인들은
더 광역화한 시장을 놓고 새로운 경쟁을 벌이고 있다. 지금 서울의 널
찍한 찜질방들이 구현하고 있는 멀티태스킹 미학은 저 살벌했던 찜질
방 전국시대의 상흔이자 훈장이다. 그 경쟁의 체험은 또 찜질방 공간
의 탄력성을 생존의 본능처럼 각인시켰다. 노래방이 언제 독서실로 변
하고, DVD방이 또 언제 새로운 무슨 '방'으로 변신할지 모를 일이다.

초창기만은 못하지만 찜질방은 여전히 마니아층을 거느리며 염천炎
天과 혹한에도 실속 피서·피한의 공간으로 노소의 사랑을 받고 있다.

영국 배스(Bath)에 위치한 로마 시대의 공공욕장

가령 한여름에 가장 인기를 끄는 시설은 단연 냉장고 속 같은 '얼음방'과 거실의 대형 에어컨 앞자리, 그리고 수건 이불로 토막잠 정도는 잘 수 있을 만큼 서늘한 '가을방'(20도 내외)이다. 물론 그 방은 두어 달 뒤면 예전의 황토방으로 문패를 바꿔 달고 60~80도의 '쩔쩔 끓는' 쾌감을 선사하게 될 것이다.

8월의 어느 주말 새벽 3시, 서울의 한 대형 찜질방. 입실하는 이도 드물고, 코 고는 소리나 불편한 잠자리에 적응하지 못하고 방황하던 이들도 망설임 끝에 퇴실했을 시각. 70평 남짓의 거실에는 줄잡아 1백여 명의 손님이 에어컨 주변에 모여 있었다. 초저녁부터 몰려다니며 어른들의 핀잔을 듣던 10대들도 자취를 감췄다. 아마도 귀가했거나 공간 안 어딘가에 터를 잡고 있을 가족들 틈으로 끼어들었을 것이다. 대형 TV 화면은 그날 치의 가장 화려한 스포츠 방송 장면을 전하고 있었지만 누군가가 소리를 죽여 놓은 뒤였고, 화면 앞을 지키고 있던 몇몇도 함성 빠진 승리의 드라마에 시큰둥한 표정이었다. 구석 자리는 대개 젊은 연인들 차지. 소꿉놀이 같은 '동침'의 스릴에 잠들지 못하는 눈치들이었다.

기능적으로 보자면 찜질방은 일상적인 주거 공간을 확장하거나 살짝 변형한 형태다. 거실을 중심으로 여러 개의 방이 있고, 씻고 옷 갈아입고 먹는 곳이 있다. 노래방이나 PC방 같은 저마다의 다용도 공간은 잠깐씩 머무는 부수적 공간일 뿐이다. 찜질방에서 우리가 누리는 바도 집에서의 그것과 본질적으로는 같다. 받는 것 없이는 웃어 주는 일 없는 세상을 향해 먼저 억지로 미소 짓느라 뻣뻣해진 볼 근육도 풀고, 멍하니 아늑하게 몸도 마음도 풀어 놓고 싶은 거다. 매정한 세상은 노동이 강제하는 경직된 자세나 상하 관계일 수도 있고, 선풍기나 기름보일러로는 감당이 안 되는 더위나 추위일 때도 있다.

그런 이들에게 찜질방은 긴장 없이 널브러질 수 있는 공간이다. 없는 게 없다는 곳이지만, 책상이나 의자 같은 딱딱한 사무용품은 없다. 허리를 곧추세울 필요가 없어서가 아니라 경쟁과 긴장의 시간에 저항하자는 것이 그 공간의 의도나 목적인지 모른다. 한 아름도 넘는 육중한 등받이용 통나무들이 놓인 찜질방도 있지만, 그건 공간을 사적으로 구획하는 최소한의 경계이거나 잠깐씩 비스듬히 기댈 수 있는 도구일 뿐이다. 찜질방에서 우리는 앉지 않고 퍼질러 앉고, 눕지 않고 널브러진다.

격식을 갖춘 파티가 식상해진 서양인들이 가끔 즐긴다는 파자마 파티도 동네 아주머니들이나 또래 친구들의 찜질복 수다 파티의 자유로움을 넘볼 수는 없다. 파자마에는 각자의 개성과 감각이 시퍼렇게 살아 있지만 유니폼으로서의 찜질복은 그런 개별성을 누그러뜨린다. 찜질방 조도의 어슴푸레함처럼 찜질복의 넉넉한 품이 감싸 주는 것은 몸매만은 아니어서, 그 안에서 우리의 날 선 프라이버시는 둔하고 너그러워진다. 그래서, 아직은 조심스러운 애인 앞에서 침 흘리며 잠도 자고 코도 골고, 심지어 그렇게 잠든 자신들의 모습을 타인들에게 노출(?)하면서도 대수롭지 않게 '뭐 어때' 할 수 있는 것이다.

개별성의 둔화는 세대 간에도 구현돼 찜질방만큼 다양한 연령층이 문화적으로 큰 불화 없이 공간과 일상을 공유하며 공존하는 곳도 드물다. 억제하기 힘든 청춘들의 달뜬 몸짓이 가끔 '어르신'들의 눈살을 찌푸리게도 한다지만, 그것도 찜질방 문화가 성숙해지면서 초기만큼

심하지 않고, 또 좀 심해도 선만 넘지 않으면 대충 너그럽게 눈감아 주는 공간이 됐다.

찜질방을 널브러짐의 공간이라 했지만, 그렇다고 무위의 휴식 공간이라 할 수는 없다. 거기서 우리는 알게 모르게 쉼 없이 뭔가를 하며 즐긴다. 우리는 인체가 감당할 수 있는 한계 온도에 가까운 열기와 냉기를 만끽할 수 있지만 몸이 딱 원하는 온·습도를 선택할 수는 없다. 그래서 근사치의 방들은 찾아 이 방 저 방 오가기도 하고, 그게 귀찮으면 여기저기 눈길로 배회하기도 한다. 그래도 정 심심하면 식혜 한 잔을 시켜 놓고 맥반석 계란을 까먹는다. 그것은 허기와는 별로 상관이 없다. 허기를 달래려면 조랭이 떡국이나 미역국이 제격이다. 찜질방에서는 별 매개 없이도, 일상이 오락이 되고 생활이 유희가 된다.

멀티태스킹 공간이라지만 찜질방의 원형질은 역시 온기溫氣다. 외환 위기의 한기寒氣를 견디게 한 것이, 당시 관료들이 생존의 구호처럼 읊던 '글로벌 스탠다드'나 제2의 국채 보상 운동이라던 금반지 내다 팔기가 아니라 찜질방의 온기였던 처음 그때처럼, 체온에 육박하는 세상 바깥의 무더위에도 다양한 수준의 열기를 품은 참숯방, 황토방, 자수정방에 인적이 끊기는 경우는 드물다. 숨이 턱턱 막히는 그 열기 안에서 찜질복이 축축해지도록 땀을 흘리면서도, 맘만 먹으면 언제든 30도의 서늘함(?) 속으로, 소름 돋는 얼음방으로 피신할 수 있기 때문이다. 가장 뜨거운 방에 모여 앉아 인내력 대결을 벌이다가 마지막 한 명의 승자를 못 나오게 막고선 재미있어 죽겠다고 발을 구르는 악동들도 있다. 찜통 안 승자의 비명과 방 바깥 패자들의 함성이 거기선 그렇게 악의 없이 유쾌하게 어우러진다.

그 떠들썩한, 유희의 바탕에 인간의 유전자 속에 내장된 온기의 추억, 우리 식으로 말하자면 구들 온기에 대한 어렴풋한 그리움이 있는 건지 모른다. 초저녁 아궁이에 피운 불기가 온돌방에 고루 퍼지려면 밤이 이슥해져야 한다. 윗목은 여전히 식은 채여도 아랫목은 쩔쩔 끓는다. 콩기름 먹인 한지 장판이 끄무레하게 눌어 바스러질 지경이지만, 아직 잠들기 전의 어중간한 밤의 잠깐 동안 고단한 팔다리와 쑤시는 허리를 대고 '지지던' 한때의 기억—경험과 무관하게 유전된 기억—이 우리에게도 내장돼 있는 것일까. 두툼한 현무함 판석이 오래 머금었다가 토해 내던 그 묵직한 열기와는 다르지만, 당장은 엉덩이 데일 듯 뜨거워도 새벽이 깊어지면 서서히 식어갈 것임을 알기에 더 애틋했던 그 열기와도 다르지만, 찜질방의 온기는 적삼목이나 히노키 사우나와는 다른, 정서적 질감의 온기를 우리에게 선사한다. 그 다름을 감지하는 감성이 다시 말해 기억과 유전의 힘, 우리 문화의 고유성일 것이다.

이따금 외신에 실려 국내 언론에 역수입되는 외국 기자의 한국 찜질방 문화 체험기가 담아낼 수 없는 것도 아마도 그런 걸 것이다. 2004년 「뉴욕타임스」에도 그런 기사가 실린 적이 있다. 찜질방 이용자(주로 여성)들의 미용 열풍에 초점을 맞춘 내용의 기사였는데, 심지어 그 아래에는 문화적 맥락을 이해하지 못하면 기묘하게 보일 수도 있는, 눕거나 퍼질러 앉아 마술 쇼를 관람하는 유니폼 차림의 시민들의 사진이 실려 한국의 찜질방 문화를 한층 왜곡시키고 있었다. 그 기사에 대해 한 교민은 "이 사진을 보는 사람들은, 한국인이란 매우 흥미로운 인종이라고 생각하지 않을까 싶다"고 적었다. 그 '흥미로운' 풍경이 서구 문화의 원류 가운데 하나라는 로마 대욕장의 풍경과 닮았다는 점은, 물론 기사에 소개되지 않았다.

특유의 부산스러움과 낯선 잠자리의 불편함으로 찜질방에 안 좋은 인상을 품고 있는 어떤 이는 그 공간의 새벽 3시 풍경을 두고 "이재민 쉼터 같더라"고, "하지만 그 심란하기만 하던 공간이 생각날 때가 있더라"고 했다. 그래서 누가 권유라도 하면 못 이긴 척 다시 따라 나서고 싶어질 때가 있더라고, 곡절은 모르겠고 그래서 설명할 수는 없지만 그 공간이 그리워지더라고 그는 실토(?)했다. 그것도 어쩌면 온기의 추억, 그 온기 안에 한없이 널브러지고 싶은 이완의 욕망 때문일지 모른다. 심란하고 어수선한 게 싫어 서둘러 샤워하고 나서더라도, 출입문을 열자마자 두고 온 그 온기가, 그 냉기가, 난민촌 같은 그 널브러진 군상들의 풍경이 그리워지는 까닭은 뭘까. 거기에도 필경 온기와는 다른, 끌어당기는 뭔가가 있을 것이다.

로또방

삭막한 꿈의 공간

문을 들어선 남자는 주섬주섬 호주머니에서 작은 쪽지를 꺼내더니 빈
자리를 찾아 앉았다. 모니터를 들여다보고 있던 가게 주인은 어서 오
시라는 인사는커녕 눈길조차 건네는 일이 없고, 남자 역시 누구의 시
선과도 얽히기 싫다는 듯 고개를 숙인 채, 펴든 쪽지만 응시했다. 슬립
(마킹 용지) 서너 장을 쪽지 곁에 나란히 놓은 남자는 마치 기도라도 하
듯 지그시 눈을 감았다 뜨더니 검정 사인펜으로 쪽지에 적어 온 숫자
들을 표시해 나갔다. 그는 지폐 한 장과 슬립을 건네고 주인에게서 받
아 든 작은 로또를 영험한 부적인 양 귀 맞춰 접어서는 지갑에 넣고 문
을 나섰다. 로또방에는 주인과 그 외에도 세 사람이 더 있었다. 그가
로또방에 머문 7분여 동안 그 공간에서 오간 말은 단 한 마디도 없었

고, 그 누구도 작은 감정의 기미조차 내비치지 않았다. 각자 철저한 개별자였고, 서로에게는 유령 같았다.

서울 송파구 서민 상가와 주택가가 밀집한 동네의 한 로또방. 추첨이 예정돼 있던 어느 토요일 오후. 주인의 양해를 얻어 그 공간 귀퉁이에 머문 2시간 남짓 동안 적지 않은 이들이 오고 갔지만, 2평 남짓한 그 공간의 풍경은 그렇게 고요했다. 대화라고 할 만한 말이 오간 경우는 커플로 보이는 한 젊은 남녀의 짧은 속삭임이 다였고, 낡은 벽걸이 선풍기의 털털거리는 소음만 권태롭게 공간을 떠다녔다. 눈을 가린 채 누군가의 손에 이끌려 갔다면 도심의 기도 공간이나 도서관쯤으로 여길 수도 있을 법한, 도심의 일상에서 만나기 힘든 적요함이 그 공간 안에 있었다.

어쩌면 로또방을 찾아오는 이들이 추구하는 바가, 물론 행위의 형식은 다르지만, 종교 제단이나 도서관 열람실에서 취직이나 학점 공부에 열중인 이들의 그것과 별로 다르지 않을지 모른다. '돈이면 다 된다'는, 한때 가벼운 위악이나 냉소거리로 떠벌렸을 그 말이 얼마나 현실적인 말인지 뼈저리게 느껴봤음 직한 이들에게는 허황됨의 근거로 제시되는 로또의 수학적 당첨 확률이, 신의 구원이나 벼락출세의 가능성보다는 훨씬 현실적이고 믿음직스러울지 모른다. 싸구려 종합비타민의 미네랄 함량보다 적은 확률이지만 0%와의 차이는 유와 무의 차이로 갈라서기 때문이다.

로또방 공간에는 기도원이나 선승들의 선방 같은 절제도 있다. 다양한 종류의 복권들이 놓인 자그마한 진열대 하나, 컴퓨터 모니터와 프린터가 카운터 비품의 전부였다. 고객이 머무는 공간에는 빠듯하게

'맞고'나 칠 수 있을까 싶은 원형 탁자와 세 개의 의자, 창문 하나 없는 벽을 따라 'ㄷ'자 모양으로 두른 붙박이 책상과 몇 개의 간이 의자가 있었다. 일체의 장식도 없고, 선풍기를 제외하면 고객 편의를 위한 그 어떤 설비도 없는, 청교도적인 기능 공간은 소위 자본주의 정신이라 불리는 것과 미니멀리즘 미학의 야합이 이룬 병적인 한 극단의 형태로 보였다. 유혹은 저 멀리, 또 마음 깊이 요동치고 있으니 그 공간이 영업에 안달할 이유도 없다. 로또방은 고객을 서둘러 내몰기 위해 기획된 공간이라는 느낌마저 들었다.

로또방 하면 으레 다양한 사람들이 저마다의 사연을 가지고 찾아올 거라 생각하기 쉽지만 로또방 주인의 말에 따르면 그렇지도 않은 모양이었다. 그네들의 말을 옮기자면 "다 비슷비슷한 사람들"이다. 하긴 고객이 말을 않으니 주인이 고객들의 사연을 알 턱이 없다. "돈 내면 낸 만큼 복권 받아가죠. 대부분 로또니까 말도 필요 없고, 흥정도 필요 없고……." 관찰하다 보면 유별난 사람들이 있기는 하다. 시계 들여다보며 분초까지 따져 자동주문 넣는 이들도 있고, 매일 두세 장씩 나눠 사는 단골도 있고, 숫자를 빼곡하게 적은 노트를 펼쳐 놓고 번호를 적는 사람도 있고, 계산기를 들고 오는 사람도 있고……. 하지만 총알같이 들어와 로또만 받아 들고 냉큼 나가는 이들이 대부분이다. 주인은 "일부러 눈여겨 안 본다"고 말했다.

서울 남산도서관 서고에는 로또 당첨 비법을 소개한 책이 무려 스무 권가량 꽂혀 있는데, 누가 읽겠나 싶은 책들에도 묻은 손때가 장난이 아니다. 『복권 대박비결』, 『이런 꿈을 꾸면 복권을 사라』, 『로또의 특성을 알면 대박이 보인다』, 『이야기 로또』……. "대박과 성공이 아름다운 것은 좌절과 고난이 존재하기 때문이니라"라는 저자의 어록과 '다음 카페 과학 인문분야 랭킹 1위'라는 글귀를 표지에 새긴 『백학도사의 로또비법 신서』의 내용들은 가히 신흥종교의 전도서를 방불케 했다. 당첨번호들의 의미를 회차별로 해석해 놓은 이 책의 머리말 한 구절. "어찌 진정한 믿음 없이 신서를 대하였느냐. (……) 제자들은 진정한 믿음과 마음의 눈으로 신서를 대하였는지 깨닫고 좌절과 고난은 세상의 모든 중생들이 거쳐가는 관문이니, 힘들어하지 말지로다."

생년월일 등 운명적인 숫자들을 더하거나 곱해 번호를 도출하는 법, 1~45의 숫자별 의미들을 분석해 놓은 비수학秘數學, 기표된 점들의 도형을 분석한 도형 테마서, 피타고라스 수열 체계와 칼데아인들의 점성술까지 동원한 역술학자의 책, "복권과 룰렛 구슬은 양심도, 기억력도 없다"는 도박 통계의 상식과 아포리즘을 새긴 번역서도 있고, 조합이론·확률·빈도·상관계수·다중선형회귀·분포·자연대수·항아리모형 등 전문 용어들이 빼곡한 수학자의 책도 있다. 하지만 압도적으로 많은 책은 꿈에 등장하는 사물이나 동물의 상징을 로또의 숫자로 변환해 주는 해몽서다. 그 서가에서 그리 멀지 않은 데 자리를 잡은 프로이트는 그의 『꿈의 해석』 서문에 이렇게 썼다. "과거에는 꿈의 본질을 해명하는 일이 문제였다면, 이제는 이 해명이 직면하고 있는 끈질긴 오해에 대처하는 것 역시 그만큼 중요해졌다."

기획재정부 산하 복권위원회 홈페이지에는 복권의 유구한 역사에서부터 각종 관련 통계와 상식, 기금 배분 및 공익지원 사업 내역들을 홍보하는 글과 도표들이 '친절하게' 소개돼 있다. 설명은 이런 문장으로 시작된다. "복권은 오래전부터 국가의 중대한 사업 전개, 국민의 복지 지원, 교육 지원, 의료 지원 등 국민의 생활 향상에 기여해 왔습니다." 복권의 기원은 고대 이집트의 파라오 시대부터 있었던 것으로 추정되고, B.C 100년경의 진시황도 만리장성 건립 등 국방비 충당 목적으로 복권을 발행했다고 한다. 복권이 상시적으로 광범위하게, 또 국가가 독점적으로 발행하기 시작한 것은 근대 자본주의 시대서부터다. 갤럽이 전국 19세 이상 남녀 1천 명을 대상으로 2013년 말 실시한 설문 조사에 따르면, 응답자의 복권에 대한 공감도는 높은 수준을 유지하고 있고(삶의 재미 61.5%), 응답자의 절반 이상(57.8%)이 1년 새 복권을 구입한 적이 있으며, 연평균 15.1회 구입했고, 1회 구입 비용은 평균 8,874원(로또 기준)이고, 구입자의 14.4%가 매주 복권을 샀다. 현행 복권 및 복권기금법은 1인당 1회 20만 원 이내에서 복권 구입을 허용하고 있고, 판매 수익금은 교육, 체육, 산업, 지방자치단체 등 지원(법정배분사업)과 주거 안정, 복지, 문화 사업 등에 쓰인다. 한마디로 '복권 팔아서 좋은 데 쓰니까 즐겨 사시되, 무리하시는 마라' 정도의 내용이다.

하지만 복권의 역사만큼 유구하지는 않아도, 복권의 위선과 꼼수에 대한 경제학자들의 고발과 비판도 못지않게 두툼하다. 복권을 삐뚜름하게 바라보는 이들은 복권을 은밀하고 기만적인 수탈의 수단쯤으로 규정한다. 데이비드 니버트의 책『복권의 역사』에 따르면, 미국 듀크대 클로트펠트 교수와 쿡 교수는 복권을 '암묵적인 세금', '고통 없는 세금'으로 정의한다. 그들은 저소득층의 복권 구입 비율이 월등히 높다는 점을 밝히면서 "정부 세입 구조의 역진성을 심화시킨다"고 주장했다. 1995년 미국 인디애나 주민 701명을 대상으로 소득 계층별 복권 구입비 지출 현황을 조사한 결과, 연소득 1만 5천 달러 미만 계층의 복권 구입비 지출은 소득의 4.21%인 반면 5만 달러 이상 계층은 0.94%였다. 이 격차는 4년 전 조사보다 더 늘어난 것으로 나타났다. 다시 말해 부자에게 세금을 더 걷어 수행해야 할 공공사업을 서민과 빈자들에게 복권을 팔아 그 수익금으로 쓴다는 것이다. 국가가 허황된 꿈과 미신을 조장하고, 불평등을 심화하는 데 앞장선다는 비판도 있다.

복권을 둘러싼 논란과 논박은 오랜 세월을 두고 승부 없이 이어져 왔다. 국가의 복권 사업이 여전히 흥행하고 있으니 찬성 쪽이 이겼다고 봐야 할까. 아무리 시비를 걸어도 국가가 진지하게 상대를 안 하면 그만이니까. 국가 입장에서 보자면, 복권이라는 존재의 유구한 역사와 내력이 이미 선악의 심판을 회피할 수 있는 권리를 줬다는 걸 테고, 당장 수많은 서민들이 매주 자발적으로, 또 열정적으로 복권을 구매함으로써 복권의 필요와 가치를 인정해 주는 셈이니까 말이다. 하지만 이 옹색한 수세적 논리는 거꾸로 독점 도박 사업의 주체인 국가가 서 있는 애매한 계급(계층) 기반과 취약한 윤리적 토대를 입증하는 것이기도 하다. 아주 너그럽게 말하더라도 로또는 '필요악' 이상의 평가를 욕심내기 힘들 것이다.

누군가의 말처럼, 바다에 떠 있는 섬들의 심상한 풍경 안에 해적선 선장의 보물섬이 있을지 모른다는 상상만으로도 카리브 해의 물빛은 달리 보일 수 있다. 바쁜 출근길 건널목에 서자마자 켜지는 파란 불을 하루치 삶에서 기대할 수 있는 최대치의 행운이라 여기는 이들에게 로또는 그 너머의 행운을 넘볼 수 있게 해주는 드문 약속이다. 로또방의 삭막한 공간 안에는 엘도라도와 유토피아를 만들어 낸 인간의 가망 없는 꿈이 동결 건조된 씨앗처럼 잠재돼 있는 것이다. 그 꿈은, 복권의 역사가 방증하듯, 수학적·과학적 설명으로는 설득할 수 없고 그어떤 정치경제학적 비판에도 흔들리지 않을 만큼 끈질긴 것일지 모른다. 서민들이 그 사정들을 아예 몰라서, 또 속아서 로또나 복권을 산다고 생각하는 것은, 그래서 오만일 수도 있다. 또 그래서 복권을 비판하는 이들조차 사생결단의 각오로 덤벼드는 경우는 드물다. 그 사정 위에, 그 찜찜한 인정人情 위에 국가의 파렴치가 기생하고 있는 걸 테다.

국제공항

맞서는 이미지들의 공간

무더위가 기승이던 어느 늦은 여름, 다분히 충동적으로 공항버스를 탔다. 긴 장마로 눅진해진 세상, 헉헉대며 더운 입김을 토해 내는 선풍기 소리, 당분간은 불볕더위와 열대야를 각오해야 할 거라는 기상청의 예보……. 그 포위망으로부터 일단 도망치고 보자는 마음이 선택을 부추겼을 것이다. 아니면 '공항'이라는 공간의 이미지에 속절없이 이끌렸거나. '리무진 공항버스'는 윤택한 이름에 걸맞게 쾌적했다.

'당신에게 공항은 어떤 공간이냐'는 질문에 떠올리게 되는 이미지들은 제 성향의 일면을 이해하는 데 꽤 유효한 정보를 제공할지 모른다. 만남과 이별이라는 극적이고 낭만적인 장면을 연상할 수도 있고, 도전적인 패션과 자유롭고 관능적인 여유를 떠올릴 수도 있을 것이다. 욕

7월 말을 전후로 20일 정도가 인천국제공항의 대목이다. 세계 180여 개 도시로 하루에만 약 13만여 명이 나고 든다. 공항은 승객과 함께 실려 왔을 저 많은 도시의 이국적인 향기도 마실 수 있을 듯한 감상을 불러일으킨다.

망을 자극하는 면세 쇼핑몰의 유혹, 또 낯선 도시의 낯선 인연을 그려 볼 수도 있을 것이다. 벤티 사이즈 스타벅스 커피와 아이패드가 등장 하는, 역동적 비즈니스의 글로벌한 동선을 떠올릴 수도 있고, 아니면 누구처럼 지루한 대기 시간과 성가신 출입국 절차를, 또 어쩌면 외롭 고 막막하던 시절의 어떤 순간을 회상할 수도 있다. 자유, 여유, 낭만, 동경, 진취성, 역동성……. 저 모든 인상들이 실은 이데올로기의 산물, 즉 특정한 방식으로 세상을 보도록 알게 모르게 훈련 받은 결과일 뿐 이라고 삐뚜름하게 생각하는 이들도 있을 것이다.

실내 단일 공간으로 공항 터미널만큼 웅장한 공간감을 드러내는 곳 은 드물다. 자연 채광의 유리 외벽과 미로처럼 얽힌 연결 통로들도 공 간의 외연을 감각적으로 넓히는 데 일조할 것이다. 하지만 피서 절정 기의 공항 라운지는 그 넓은 공간이 대수롭지 않게 여겨질 만큼 붐볐 고, 출입국 게이트 앞은 공항을 나고 드는 이들과 배웅하고 마중하는 인파들로 어지러웠다.

입국장의 꾸밈새는 마당극 공연장과 흡사하다. 입국자들이 들어서 는 간유리 자동문을 마주 보는 자리에는 완만한 부채꼴로 나무 난간 을 세워 마중 나온 이들을 10m쯤 물러나게 해뒀다. 그 거리는 입국자 와 출영자가 서로를 식별하는 거리다. 또 만남의 순간을 위해 예비했 을 표정이 맥없이 흐트러지는 것을 경험하는, 그래서 왈칵 벅찬 울음 을 터뜨리게도 되는 극적인 거리다. 그 거리 공간 안에서 뜨거운 대면 의 의식들이 표정과 몸짓을 통해 다채롭게 펼쳐진다. 인천공항에는 하 루 약 7백여 편의 비행기가 뜨고 내린다.

60대쯤 돼 보이는 부부는 두리번거리며 입국장을 들어선 젊은 내외의 인사에는 아랑곳없이 남자 품에 안긴 핏덩이 같은 아이의 잠든 얼굴에서 눈을 떼지 못했다. 빼앗듯 보듬은 포대기. 젖어들듯 촉촉해지는 시선. 노부부는 그 순간 그렇게, 자신의 새로운 핏줄과 처음 상면하는 듯했다. 다른 세 곳의 입국 게이트에서도 누군가는 자신의 손자나 조카, 예비 며느리나 사위, 사진과 편지로만 서로를 알아 오던 미지의 친구와 서먹한 악수를, 뜨거운 포옹을 나누었을 것이다. 단체 여행객으로 보이는 10여 명의 일본인 중년 남녀들은 안내 깃발을 든 여행사 직원의 안내에 따라 터미널 바깥으로 지체없이 이동했다. 그들의 시선에서는 입간판부터 낯선 공항과 도시의 풍경보다 인솔자의 깃발 혹은 동행의 꼬리를 놓치면 안 된다는 긴장감이 엿보였다. 입국장 바깥에는 크고 작은 승합차들이 솔개 구름 하나 없이 찌는 하늘 아래 줄지어 서 있었다.

3층 출국 터미널은 입국장에 비해 훨씬 복잡하고 번거로운 공간이다. 줄 서서 예약해 둔 탑승권을 받아야 하고, 짐을 부쳐야 하고, 덜 챙긴 물건이라도 있으면 쇼핑을 해야 한다. 오래 떠나 있을 길이라면 친지들에게 미처 전하지 못한 작별의 아쉬움과 가벼운 축복, 또 새로운 만남의 기약을 전화로라도 나눠야 한다. 그래서 출국 터미널은 입국 터미널에 비해 훨씬 넓고 더 번잡하다. 항공사별 발권 및 탑승 수속 동들이 지하철 역사 세 개쯤 이어 놓은 듯한 폭의 공간 안에 줄지어 있고, 중앙에는 넓진 않지만 약이나 옷 등을 파는 간단한 쇼핑 공간도 마련돼 있다.

몇 칸 건너 '비싼 표'를 산 승객들의 한적한 줄을 흘깃거리면서 언제 끝이 보일지 모를 긴 줄을 지켜 탑승권 받고 짐을 넘기고 나면 여행객들의 표정은 표나게 여유로워진다. 여행 팸플릿이나 일정표 등을 펼쳐 놓고 오래 별러 왔던 여행의 시작을 실감한다. 날은 어느새 뉘엿뉘엿하지만 새로 장만한 선글라스를 써보기도 하고, 아직은 어색한 열대풍 홀터넥 드레스 매무새를 다듬으며 동행자와 얼굴 맞대고 셀카를 찍기도 한다. 몇 시간 뒤면 사진의 배경이 아열대의 호젓한 바다나 운치 있는 이국의 뜰로 바뀔 것이다.

휴가 성수기라 대부분 여행자인 듯 여겨졌다. 하지만 그중에는 몇 년만의 가족 상봉 기대에 부푼 가난한 나라의 노동자도 있을 것이고, 가족에게 '돈 벌어 오겠다'는 약속을 남겨둔 채 마지막 재기의 희망을 찾아 여행객 틈에 껴 앉은 가장도 있었을 것이다.

출국장 입구는 입국장과 달리 사무적이고 밋밋하다. 여름 바닷가 간이 탈의장처럼, 실제 입구는 좁은 통로를 따라 선 불투명 유리 벽으로 가려져 있다. 내딛는 걸음 앞에 뭐가 있을지 모른다고 일깨우듯, 또 새로운 출발이니 감상感傷은 금물이라 다짐받듯. 한 노년의 남자는 자녀와의 기약 없는 이별이 아쉬운 듯 입구 간유리 틈 사이에 눈을 붙이고 서 있었다. 보안 검색대를 통과하고 있을 혈육의 뒷모습이라도 좀 더 봐두겠다는 것일까? 보안 요원은 그를 보고도 못 본 체했다.

하지만 알다시피, 공항의 진짜배기 기능은 게이트 너머에서 수행된다. 입·출국 자격을 심사하고, 소지품과 몸을 살피고, 이동 목적과 체류 기간, 묵을 곳 등 사적인 영역 전반을 초정밀 장비와 체제로 스캐닝한다. 심사대 위에는 지갑뿐 아니라 국적과 피부색, 지나온 삶의 내력까지 보이지 않는 평가 요소로 얹힌다. 그렇게 우리는 공항에서, 국가의 '국민'에 대한 장악력과 '지구촌'이라는 수사修辭의 위선을 절감한다. 그 실감의 정도는 내가 속한 국가(혹은 인종)와 목적지가 이 지구촌 안에서 차지한 자리의 고도 차이와 대체로 비례한다.

그렇듯 개인을 집단으로 묶는 엄청난 제도의 끈과 장애들이 극명하게 작동하는 공항에서 자유와 해방감을 느낀다는 것은 아이러니다. 공항이 누리는 저 우아한 인상들은 저 아이러니 위에 펼쳐진 신기루 같은 걸지도 모른다.

터미널 4층 공항 전망대는 탑승동 너머 항공기 계류장까지 조롱박처럼 파고들어 앉아 있다. 그곳은 출국 심사를 통과한 이들에게만 허락된 심리적 국경 너머를 — 비록 유리 벽과 바닥으로 막혀 있긴 하지만 — 공간적으로 넘나들 수 있는 예외적 공간이다. 거기서는 세계 공항 면세점 최초 입점이라며 공항공사가 자랑하는 명품 브랜드의 거대한 매장도 볼 수 있고, 몰Mall을 따라 물처럼 엇갈려 흐르는 출국자들의 쇼핑 행렬도 구경할 수 있다.

유리 벽 너머 계류장에는 보잉 시리즈의 육중한 동체들이 비좁은 연못 안에 갇힌 잉어들처럼 꿈틀대고 있다. 이륙 거리를 확보하지 못한 동체들은 관제탑 너머 저에게 할당된 활주로를 향해 바장이듯 움직이거나taxing 코딱지만 한 견인차towing car에 끌려가기도 한다. 뒤로는 2130만㎡(약 650만 평) 부지 위에 요염하게 누운(선 것이 아니라!) 4층 규모의 투명 여객터미널과 탑승동이, 앞으로는 광활한 활주로가 서해 노을 갯벌을 가로지르며 아득한 수평선까지 뻗어 있다. 서늘한 남반구로 가는지 신이 난 여객기 한 대가 이륙 전환 속도에 닿기 위해 혼신의 힘으로 활주로를 내닫고 있었다.

터미널 지하 1층에서 에스컬레이터로 연결되는 공항철도는 서울 도심과 공항을 잇는 가장 경제적인 교통수단이다. 폭 10m도 안 되는 역 승강장 위에서는 출국하려는 이들과 막 입국한 이들이 수시로 뒤섞인다. 1년분의 '여유'를 한 방에 털어 쓰고 온 이들의 뿌듯한 표정 뒤에 스민 허전함과 그 '여유'를 만끽하자고 어렵사리 작정하고 나선 이들의 기대 안에 스민 막연한 긴장과 동요는 표정으로 묘하게 닮아 있었다. 그 표정들은 갯물에 섞여 드는 한강 하구의 풍경처럼 왠지 쓸쓸하고 덧없어 보이기도 했다. 회귀와 반복. 공항의 예외적인 존재감으로도 어쩔 수 없는 일상의 질긴 인력.

그래도 우리는 또 언젠가, 지금 여기서는 누릴 수 없는 뭔가를 기대하며 누군가와 저렇게 엇갈려 떠나고 또 돌아올 것이다. 또 어쩌면 공항 터미널 3층 버스 승강장에서 202번이나 222번 버스를 타고 한적한 바닷가에나 가서 꽃노을 가르며 나는 비행구름이나 실컷 바라볼지도.

캠 핑 장

일상이 유희가 되는
'일상' 너머의 공간

영화 「아바타」의 어떤 장면들처럼 상상이나 비유가 아니라 실제로, 우리가 보이지 않는 끈들로 엮여 있는 것은 아닐까 생각하게 될 때가 있다. 익숙한 공간이 주는 안정감 혹은 소중한 뭔가를 잃어버린 뒤 느끼는 상실감이 사실은 우리를 묶고 있던 끈들이 두터워지거나 갑자기 끊겨 버린 탓인 것 같다는 생각. 가령 비행기로 여행을 할 때 도착지에서 느끼는 피로감도 먼저 머물던 공간과 이어져 있던 끈들이 인장력을 잃고 끊기면서 생기는 상실감이나 통증은 아닐까 하는 생각.

우리는 낯선 도시에서 낯선 존재(사람이든 거리든 가구든)들과 새로운 관계의 끈, 요컨대 안면이나 인연을 의식적으로든 무의식적으로든 애써 잇는다. 그 안간힘을 부추기는 것도 끈의 불수의적不隨意的 힘일 것

사진처럼 예외적인 캠핑의 낭만을 즐기려면 예외적인 비용이 들기 마련이다. 그 비용은 돈이 될 수
도 있고 용기가 될 수도 있고 세상의 시선이나 관습, 규제로부터 철저히 자유로워지겠다는 강렬한
열망이 될 수도 있다. 그러므로 현실에서 우리가 누릴 수 있는 캠핑의 맛은 저 사진이 전하는 것과
사뭇 다르기 쉽다.

이다. 존재에 얽힌 끈의 가닥수와 굵기, 탄성과 내구성은 존재마다 다르고, 관계마다 다르고, 또 관계 맺는 상호 간에 동등한 것도 아니어서 누구는 사랑을 잃고 울고 누구는 사랑을 끊고 웃는다.

그런 끈들이 죄다 성가실 때가 있다. 자신을 옭아매는 동아줄이거나 말뚝에 묶인 목줄 같을 때 벗어나고픈 충동, 잠깐이나마 자유로워지려는 욕망으로 우리는 캠핑을 떠난다.

그때의 캠핑장은 인연도 전자파도 미치지 않는 공간, 모든 소중하고 성가신 끈들로부터 벗어나 오롯이 혼자(혹은 우리)일 수 있는 공간이 된다. 물론 그런 공간은 가상적·관념적 공간이다. 호적과 지적地籍의 지배력 바깥으로, 와이파이를 따돌리고 머물 곳은 현실에서는 찾기 힘들다. 또 그런 공간이 있다고 하더라도 인연의 끈으로부터 완벽하게 자유로울 수는 없을 것이다.

약 6백만 년 전부터 농경이 시작된 1만 년 전까지 인간은 사냥감을 찾아 떠돌았다. 그 야생의 유전자가 유달리 질긴 이들은 캠핑장에서 배고프면 먹고 졸리면 자고 사나운 짐승들로부터 몸을 숨기던 수렵·채취의 인간들이 동굴이나 숲 그늘을 찾아 들던 그 유구하고 본질적인 삶을 '코스프레'한다. 아니, 하고 싶어 한다.

캠핑이 대중적 레저로 각광받기 시작한 게 약 4, 5년 전부터다. 캠핑족이 폭증하면서 산림청이나 지방자치단체가 운영하는 캠핑장 예약은 명절 기차표 구하는 것만큼 어려워졌고, 상대적으로 비싼 사설 캠핑장도 주말 예약은 호락호락하지 않다. 캠핑장이 공식화·유료화하면서 풍광 좋은 두어 평만 있으면 어디든 텐트를 치던 호시절도 사실상 끝이 났다. 갓 캠핑의 묘미에 빠져들어 목돈 들여 장비를 장만한 초

잡다한 것들을 지우면서 사유가 추상화하듯이 공간의 배경에서 인공적인 것들이 사라질수록 캠핑은 우리의 관념 속 캠핑의 본질에 다가선다. 그것은 자유로워지는 과정이면서 동시에 불편해지는 과정이다. 자유가 불편의 다른 이름일 수 있다는 걸 캠핑은 우리에게 가르쳐 준다. 적당한 자유와 적당한 불편이 만나는 지점을 선택하는 일은 세상 사는 일 대부분이 그렇듯 즐겁고 또 어려운 일이다.

보 캠핑족들은 마땅히 갈 데가 없어 몸이 달았고, 오랫동안 느긋한 캠핑을 즐겨 온 역전_{歷戰}의 캠핑족들은 캠핑의 대중화가 영 못마땅하다. 이래저래 캠핑장 분위기도 예전과 사뭇 달라졌다.

캠핑족에는 크게 두 부류가 있다. 자리를 잡자마자 텐트나 그늘막 tarp(햇빛이나 비를 가리기 위해 지붕처럼 펼쳐 얹는 방수 플라이)을 치는 사람과 대충 짐만 부려 놓곤 코펠과 버너부터 꺼내거나 어슬렁거리며 즐기려는 사람. 조리대 세트에 테이블 식탁보까지 구비하고 다니는 사람과 소반 크기의 접이식 테이블에 주먹만 한 버너만 달랑 챙겨 다니는 사람.

좋은 장비를 충실히 갖출수록 이동하기는 좀 성가셔도 캠핑은 쾌적해진다. 그래서 어지간히 경험을 쌓기까지는 장비를 늘리기 마련이다. 반면에 캠핑은 일상의 편리로부터 벗어날수록 제맛이 난다고 생각하는, 요컨대 불편을 즐겨야 한다고 생각하는 '근본주의자'의 입장에서 보자면 도구적 편리의 과도한 추구는 이질적이고 심지어 이단적이다. 캠핑 고수의 짐 부피가 초보들의 그것과 대체로 흡사한 것은 그런 까닭이다.

물론 그들은 소수다. 캠핑(장) 문화는, 자연이다 뭐다 하면서 아닌 척 시치미를 떼고 있지만, 상업·소비문화 속에 깊숙이 끌려들어간 지 오래 됐다. 발포매트가 자충_{自充}매트로, 야전침대로 업그레이드되고 간이의자가 리클라이너_{recliner}로 대체되는 동안, 야생이나 자연의 위장막도 낯뜨겁게 헐거워졌다. 근래 들어선 캠핑장 가운데 전기시설을 안 갖춘 곳이 드물고, 웬만한 데는 온수 샤워장도 설치돼 있다.

물론 최고의 장비로도 캠핑이 일상의 편리에 따를 수는 없다. 그것은 지퍼로 여닫는 두 겹 천 텐트가 아무리 좋아도 대문에 현관문, 방문까지 갖춘 집의 쾌적함에 비할 수 없다는 사실만큼 분명하다. 그러므로 캠핑은, 양상이 아무리 달라져도, 불편 위에 작은 편리의 공간을 구축하는 놀이의 범주를 벗어나지는 않는다. 그리고 지금의 캠핑 러시는 그 불편이 일상의 끈들로부터 벗어나 하늘과 바람과 별빛 속으로 탈주하기 위해 치러야 할 대가에 비해 비싸지 않다고 여기는 이들이 그만큼 늘어났다는 의미다. 장비와 캠핑장의 편의 외에도 CF나 오락방송 등 다양한 상업적인 이미지 홍보 덕도 있을 것이다. 캠핑이 순수나 낭만의 몽상가, 혹은 일부 사회 부적응자들의 퇴행적 오락의 기미를 벗어 던진 것도 그리 오래된 일이 아니다.

　캠핑은 한마디로 야외 숙식이고, 그 중심 공간은 뭐니뭐니해도 텐트와 타프다. 텐트를 치는 일은 그 자체만으로 우리 안에 잠재된 공간에 대한 감각을 자극한다. 관록의 캠핑족은 동선과 시간대별 태양의 궤적, 바람의 동향, 프라이버시 등을 감안해서 최적의 자리와 방향을 찾는다. 수평과 수직, 안정적인 각도를 구현해야 하는 텐트 설치는 매뉴얼에 나와 있는 '기술'일 뿐이어서 어렵지 않게 익힐 수 있지만 한정된 공간 ― 그곳이 바닷가 모래 언덕 솔숲의 빈터든 자연 휴양림의 야영 데크 위든 ― 안에서 최대한의 편의와 조화를 추구하는 일은 '감각'의 영역이다. 요컨대 캠핑장은 삶의 공간을 견학하고 설계하고 실습할 수 있는 학습 공간이다.

　경험과 기술, 장비의 설치 편의성 등에 따라 다르겠지만 텐트와 타프는 설치하는 데만도 한 시간은 족히 걸린다. 또 먹고 놀고 쉬고 자는 틈틈이 노동도 해야 한다. 취사하고 청소하고 정리하고 잠자리 보고……. 두어 평 남짓의 제한된 공간 안에서 우리는 압축된 가사 노동을 배우고 익힌다. 그렇게 캠핑장에서는 학습과 노동이 소꿉놀이처럼 유희가 된다.

밤과 새벽. 술과 분위기에 얼근히 취한 자리들이 정리되고, 모닥불 가의 수런거림도 가신 뒤 어둠에 잠긴 캠핑장은 무섭도록 고요해진다. 텐트 안에 들 시각. 텐트는 천으로 된 동굴이다. 그 원형적 주거 공간은 성가시고 억압적인, 때로는 위협적이기도 한 모든 '바깥'으로부터 우리를 지켜 주는 최소한의 방어막이다. 그 막은 취약하고 내부는 옹색하지만, 또 그래서 본질적인 공간일 수 있다. 우리는 그 안에서 운신의 절제를 익히고 작은 소음과 동정에도 첨예해지는 감각을 경험한다. 세상이 고요해지면 내면의 수선스러움이 도드라지기 마련이다. 어수선함과 대비되는 침묵과 고독의 공간 안에서 우리는 온전히 자신에게, 가장 본질적인 관계의 가닥들에 몰두하고, 어지럽게 얽혀버린 끈들을 가지런하게 풀어 보려는 여유도 누릴 수 있다.

조심스레 텐트의 지퍼를 열면 자신이 깃들인 낯선 공간이 달빛 속에 펼쳐진다. 자리의 환기는 떠나 온 일상의 환기로 이어지고, 그 순간 비로소 자신이 캠핑을 오게 된 까닭, 보다 길게는 살아오는 동안 미처 천착하지 못했지만 본질적일 수 있었던 삶이란 피륙의 어떤 올을 더듬게도 된다. 거창하게 말해, 그 순간의 텐트 안은 일상이 환기되는 드넓은 시공간으로 확장된다. 그 안에서 누구는 잭 런던Jack London이 말한 '야성적 핵심'을 만나기도 하고, 또 어떤 이들은 아늑한 침대를 그리워하며 밤새 몸을 뒤척이기도 할 것이다.

캠핑에는 떠나기 전과 돌아온 뒤의 수고가 따른다. 머물 장소를 물색

해야 하고 장비와 먹거리를 챙겨야 한다. 돌아와서는 장비들을 썼고 말려 최대한 원형에 가깝게 정돈해야 한다. 소용된 장비와 아닌 것을 선별하고, 잉여와 결핍을 따져 버리고 보충할 것을 기억해야 한다. 그 번거로움을 통해 우리는, 최대한 단출해지려는 충동과 보다 편해지려는 충동 사이에서 머뭇거리며 나아간다. 그렇게 평범한 일상과 포개진다.

그러므로 캠핑에 대한 막연한 매력이 실질적인 쾌락으로 자리잡는 과정은 불편과 편리 사이, 안주와 탈주 사이에서 자신이 감당할 수 있는 절충점을 찾아가는 과정이다. 그 절충점은 언제나 유동적이고 불안정할 수밖에 없다.

관념 속의 미답지인 캠핑 공간이 소비 자본의 뜨거운 욕망 안에 포섭된 상황에서 캠핑의 유혹은 소비의 유혹, 편리의 유혹에 급격히 취약해지고 있는 것도 사실이다. 그런 점에서 개개의 캠핑장들이 겪고 있는 최근의 변화는 소비 시대의 인류가 경험한 계통의 변화, 문명의 변화를 압축적으로 재현하고 있는 것일지 모른다. 캠핑장이 늘어날수록 관념의 캠핑장들은 사라지거나 멀어지고 있다고 믿는 이들의 입장에서 보자면, 그 변화의 양상은 지나치게 가파르고 전망 역시 어둡다. 절충점을 찾는 수고는 캠핑을 욕망하는 이들뿐 아니라 캠핑장이라는 공간 자체의 숙제이기도 할 것이다.

건강검진센터

존재론적 두려움이
극대화하는 공간

보건소 차가 학교에 나타나면 머릿속이 하얗게 지워지는 듯했다. 한 반 한 반 차례차례 가까워지는 비명과 흐느낌 소리, 쉬는 시간마다 들려오는 심란한 풍문들.

- 불주사라더라…….
- ○○한테 맞으면 더 아프대…….
- ××는 이마를 계속 문질러 열이 있는 척해서 안 맞았다더라…….

아이들은 임박한 시련의 두려움과 어떻게든 모면하고 싶다는 가망 없는 희망 사이를 바장이며 안절부절못했다. '드르륵~' 교실 문이 열리고 결코 친숙해질 수 없는 공포의 냄새와 함께 보건소 직원들이 등장하면 아이들의 낯빛도 머릿속처럼 하얗게 질리곤 했다.

세월과 함께 감각도 마음도 예전 같지 않고, 공포의 기억 역시 바래져 이제는 잔잔한 미소와 함께 떠오르는 추억이 됐지만, 결코 잊히지 않는 것들도 있다. 처음 본 알코올램프의 그 푸른 불꽃. 살아낸 양이 있으니 정말 참혹하고 섬뜩한 경우들을 보고 듣고 또 겪었겠지만, 기억의 지층에 붙박인 그 불꽃만큼 생각의 매개 없이 온 존재를 떨게 하는 위협은 아직 경험하지 못했다.

공포의 고통은 대상 자체보다 육박해 오는 시간 안에 있다. 램프 열기에 소독된 주삿바늘이 살갗을 찔러 약물을 주입하던 몇 초 동안과 그 이후의 기억이 까맣게 지워진 것은 그래서 어쩌면 당연하다. 공포란 예감을 통해서만 경험되는 것이기 때문일 것이다.

건강검진센터는 그 오래된 공포의 기억이 드물게 환기되는 공간이다. 시간과 날짜를 직접 선택해서 예약하고, 제 돈까지 보태 검진 항목을 추가하기도 하지만 그 자발성이 두려움까지 없애지는 못한다.

예방 의학의 범주인 정기 검진은 증상 검진의 대증對症 의학과 절박성 면에서 사뭇 다르다. 통증도 없고, 구체적인 자각 증세도 없다. 그래서 우리는 아파서 병원에 갈 때와 달리 불필요한 내면의 갈등을 감당해야 한다. 막연한 호기심과 번거롭고 성가시다는 생각은 생의 어느 한 순간 몸의 삐걱거림을 경험하면서부터 급격히 변질된다. 느슨해지고 흐릿해지고 무거워지고 가빠지는 느낌. 부정하고 싶은 노화의 징후들은 스멀스멀, 하지만 전면적으로 육신을 덮친다. 그때부터 건강검진에 임하는 태도는 냉혹한 심판의 신, 혹은 운명 앞에 느닷없이 소환된

자의 긴장 모드, 진지 모드로 바뀌게 된다. 검진 당일 아침 인스턴트커피까지 마신 뒤 채혈대 앞에 서는 젊음의 호기는 온데간데없이 사라지고, 오랜 야식 습관까지 억누르면서 12시간 금식 수칙을 고분고분, 고통스럽게 따르게 된다.

그래서 검진 대기실에서 엿보이는 피검진자의 표정과 분위기는 20대와 30대가 다르고, 40대와 50대가 다르다. 그것은 물리적인 일회성 통증에 대한 두려움이 아니라 육신의 내구 연한에 대한 어쩔 수 없는 자각의 강도 때문이다. 흡연이나 잦은 폭음, 불규칙한 생활 등 정황상의 혐의로 하여 제 몸의 건강을 자신하지 못하는 이들일수록 고통은 심해지기 마련이다. 스스로도 아는 그릇된 생활의 복기(復棋)에 따르는 불편한 반성, 자고 깨고 먹고 움직이는 일상의 습성들과 환경 전반을 심판 받게 된 데 대한 실존적 거부감을 넘어, 거센 옆바람 속에 이미 동적 복원력을 잃어버린 것은 아닌지 의심하는 눈길로 불룩해진 복부를, 거칠어진 숨소리를 새삼 감각하는 것이다. 나란히 앉아 있는 이들의 나이와 낯빛과 몸매를 자신의 것과 은밀히 견주어 보며.

그러면서 유년의 어느 날과는 달리 거스르고 모면하고 싶은 충동과 회피할 수도 우회할 수도 없다는 이성적 강제 사이에서 동요하면서, 우리의 자유 의지라는 게 얼마나 기만적인지, 아니 '나'라고 불러 온 이 육체와 영혼이 얼마나 허술하고 허약한 것인지 어쩔 수 없이 수긍하게도 된다. 생명의 시간은 용기의 부피와 반비례하기 마련이지만 저 존재론적 공포를 주기적으로 마주함으로써만 공포로부터 잠시나마 놓여날 수 있다는 아이러니한 운명을, 중·노년들의 빈약한 용기는 감당해야 한다.

그렇게 물리적·생물학적 위협 앞에 섬으로써 영혼의 결은 쇳가루들이 자장에 쏠리듯 일순 가지런해진다. 육신이라는 게 대체재 없는 유한재라는 준엄한 사실 앞에, 그 실존적 한계의 압도적인 자각 앞에, 어지럽던 사념도 어지간한 욕망도 잠잠해진다. 우리는 설핏 경건해진다.

건강검진센터도 병·의원과 같은 의료 기관이지만 치료나 처치가 아니라 건강을 점검하고 진단받는 곳이라는 점에서 근래 유행하는 '웰빙' 시설과도 통하는 공간이다. 환자들이 병원에서 '고객'이라는 말을 들을 때 감지하게 되는 어색한 환대의 기운이 건강검진센터에서는 느껴지지 않는다. 어서 오시라며 고개를 숙이는 직원들의 화사한 인사와 은은한 숲 향기까지 감지되는 상쾌한 실내 공기, 바로크 풍으로 멋을 낸 책상과 소파는 호텔이나 그럴싸한 스파 시설 프런트 같은 착각을 불러일으키기도 한다.

하지만 검진복으로 갈아입는 순간, 또 문진표를 들여다보는 순간 우리는 하릴없이 위축된다. 신분이나 직위, 인품, 학식 따위는(적어도 원칙적으로는) 인멸되고 오롯이 벌거벗은 생물학적인 존재로 치환되는 것이다. 의료진들의 차별화한 옷차림, 우리가 거쳐 가야 할 다양한 검진 공간 앞에서 우리의 내면은 교실 안 유년의 시간 속으로 퇴행한다. 그들의 손에 들린 차트에는 인격체가 아닌 생명체로서의 우리의 삶의 내력과 장기별·계통별 상태와 기능들이 알쏭달쏭한 그래프와 숫자로 기록돼 있다. 양호—재검—정밀검진 요망 등 최종 판정의 근거가 될 그 기록의 빈칸들이 채워지는 동안 우리의 겁먹은 영혼은 순정한 생의 욕망으로, 시간을 복원하고 싶은 갈망으로 소리 없이 헐떡인다. 당장에는 들여다보는 자와 보여지는 자 사이의 격차, 시선과 정보의 비대칭·불평등에 대해 툴툴댈 배짱도 없고, 집단 건강검진의 진단 정밀성에 대한 의구심도 자취를 감춘다. 끼워팔기식 세트 상품이라는 둥 집단 검진 일반의 형식성·상업성 비판을 떠올리는 여유도 부리지 못한다.

그런저런 생각에 젖어 멍하니, 예컨대 이따금 감지되던 속쓰림의 기억들을 곱씹으며 위내시경 검진실 앞에서 호명의 순간을 기다리다 보면, 죄 많은 영혼이 고해소 앞에서 느낄지도 모르는 형이상학적인 정화의 순간, 순한 반성의 순간을 경험하기도 한다.

근래에는 초음파 영상 모니터를 피검진자의 눈앞에 매달아 둔 곳도 있다. 음파가 피부를 뚫고 들어가 장기의 연조직에 부딪쳤다 되돌아와 형성한다는 흑백의 반사 영상. 간이 어디 있고 쓸개가 어떻게 생겼는지도 잘 모르는 피검진자에게 그 난해한 영상은, 피검진자를 배려하려는 의도인지는 모르지만, 훈육자의 회초리처럼 위압적이다. 지시에 따라 숨을 마시고 참고 내쉬는 동안 흘끔흘끔 검진의의 표정과 눈빛을 훔쳐보면서 영상 해독^{解讀}의 힌트를 얻으려고도 한다. 가끔 부위의 이상 여부를 짧게나마 설명해 주는 검진의도 있지만, 대개의 그들은 피검진자의 질문조차 친절한(?) 얼버무림으로 응대한다. 어쩔 수 없이 소심해진 영혼들은 그 묵묵부답에서 불길함의 징후, 즉 궂은 사실을 알리는 난처함의 회피 의도를 엿보기도 한다.

CT, 엑스레이, 채혈, 혈압, 내시경……. 검진센터에서 맞닥뜨리는 고비들을 하나씩 넘는 동안, 우리는 제 몸을 구조적으로 또 유기적으로 살피게 되고, 느끼게 되고, 이해하게 되고, 아끼게 된다. 개인적으로 충실해지면서 사회적으로는 위축된다. 사회 참여(앙가주망, engagement)

의 존재에서 대타적 무관심(데타시망, détachement)의 존재로 경향적으로 변환한다. 그것은 검진센터의 최종 판정과는 무관한, 정신과 육체 간의 긴밀한 대화 덕분(이라고 해야 할지, 탓이라고 해야 할지)이다. 비록 잠깐이겠지만, 그 변화가 집단적으로 이뤄지는 곳이 건강검진센터다.

검진복을 벗고 나와 마시는 한 잔의 물, 혹은 한 모금의 담배 연기는 몸과 영혼이 느껴 온 갈증의 해소보다 일상으로 복귀하게 됐다는 안도의 의식, 홀가분한 자축의 제스처다. 며칠 동안 겪어 낸 몸과 마음의 스트레스는 검진센터를 나서는 순간 거짓말처럼 수그러든다. 하지만 버스 정류장이나 지하철 역을 향해 채 몇 걸음도 내딛지 않아 깨닫게 된다. 진짜 고비(검진 결과 통지서)가 남아 있다는 사실을. 범행 현장에 지문이나 생체 DNA를 남겼을지 모를 두려움에 사로잡힌 범죄자처럼, 최종 선고를 앞둔 피의자의 심정처럼, 검진센터에 남기고 온 어떤 물증이 우리를 생의 단애로 밀어붙일지 모른다는 걱정으로 우리의 일상은 조금씩 흔들리며 경건해진다. 금연을 결심하고, 야식 습관을 버리겠다고 다짐하고, 좀 더 부지런히 운동을 해야겠다고 마음먹는다.

숲

태고의 공간 감각을
일깨우는 공간

여행작가 빌 브라이슨이 『나를 부르는 숲』이란 책에 쓴 것처럼 거리를
재는 단위만 바꿔도 공간은 다르게 다가온다. 지하철 이용자에게 거
리는 정류장 숫자나 소요 시간으로 단출하게 산정되지만, 같은 거리
를 걸어야 한다면 짐의 무게, 다리 통증, 갈증까지 감안해야 한다. 가
령 승용차로 50km라면 반나절 나들이 장소로도 무난하겠지만, 20kg
쯤 되는 배낭을 매고 등산이나 트레킹을 해야 하는 산길, 숲길이라면
까마득해진다. 그때의 길은 태어나면서부터 얹혀 다니는 데 익숙해진,
그래서 물리적 거리보다는 시간적 거리를 먼저 따지는 현대인이 잃어
버린 감각을 고통스럽게 일깨워 주는 공간이 된다. 숲이 그런 공간이
다. 불빛도 정거장도 케이블카도 없다. 더 깊은 숲, 더 높은 숲을 누리

인간이 공간을 개념화한 이래 모든 숲은 관리되는 숲이 됐다. 그 관리는 인간 생존의 비극적 조건 위에서 정당화되지만, 그 당위는 자주 과장되거나 왜곡돼 왔다. 관리의 정도, 개입의 당위는 결국 인간이 정하는 일방적인 당위이기 때문이다. 숲길이 넓어져 걷기 편해지는 것은 동시에 두려워하며 경계해야 할 일이기도 하다

려면 한숨까지 아끼며 오직 걷는 도리밖에 없다.

　서울 홍릉수목원은 한 시간 남짓 걸으면 웬만큼 둘러볼 수 있는 아담하고 야트막한 숲이다. 대개의 수목원이 그렇듯, 그 숲은 인위적으로 조성되고 관리되는 곳이다. 나무들은 지형과 토질과 기후에 잘 맞고 시험림의 연구 목적에도 어울려 선택된 것들이다. 그래서 자연의 숲보다 단위 면적당 수종이 훨씬 다양하고 영양과 방제 등 보살핌도 잘 받아서 다채롭고 건강한 숲이다. 관념 속 자연의 숲이 비가림 시설도 없이 친한 이웃끼리 어울려 앉아 전을 편 시골 장터라면 홍릉의 숲은 선택된 수종들이 품목별로 진열된 백화점 같은 숲이다.

　주말 오후 2시의 홍릉. 탐방객들은 숲 해설사의 안내에 따라 숲길 트레킹을 시작했다. "참나무 여섯 형제 아세요? 갈참, 졸참, 굴참, 신갈, 떡갈, 상수리나무죠. 그중에서 이 녀석은 상수리나문데, 상수리라는 이름이 어떻게 붙었나 하면……" 초로의 해설사는 따뜻한 의인 화법으로 숲과의 친분을 과시했고, 사람들은 옛이야기처럼 구수한 설명을 받아 적으며 틈틈이 나무껍질을 쓰다듬거나 사진을 찍고, 낯선 이름을 익히려는 듯 가만히 되뇌어 보곤 했다.

　그렇게 한 시간 남짓 걷고 나면 다시 출발 지점, 콘크리트 깔린 숲의 가장자리에 닿는다. 문명의 자리에서 되돌아본 숲은 스펀지처럼 푹신한 땅에 크고 작은 나무들이 얼크러져 사는, 어둑한 조도 탓인지 조금은 두렵고 설레던 처음 그 숲과는 달라져 있다. 숲의 깊이와 부피를 숫자로서가 아니라 몸으로 느끼고 난 뒤이기 때문이다. 어디쯤 가면 어른 키보다 웃자란 회양목이 있고, 어느 모퉁이를 돌면 은방울꽃 무지를 융단처럼 깔고 선 졸참나무가 살고, 그 곁에는 올해 도토리 농사를 유난히 잘 지어 다람쥐들의 인기를 독차지했다는 상수리나무가 으스대며 서 있다는 사실을 사람들은 기억한다. 조금 전 지나쳐 온 비탈 한켠의, 새치름하게 푸르던 당단풍도 며칠 뒤면 농염하게 물들 것이라는 사실을 짐작하는 이도, 남편 바람기를 잡아 준다는 황벽나무 열매가 맺히는 내년 가을쯤 다시 와야지 다짐하는 이도 있을 것이다.

세상사가 그렇듯, 존재의 사소한 사실들이 조금씩 색다른 의미로 각인되는 과정을 통해 숲은 비로소 보통 명사의 숲에서 개별적이고 입체적인 고유 명사의 숲이 된다. 사귐이 깊어지면, 숲 이름 앞에 '나의' 혹은 '그 시절 우리의'와 같은 소유격을 붙이고 싶어질 수도 있다. 물론 그 소유는 '임야'라는 지목과 면적으로 사유화私有化되는 대상으로서의 숲이 아니라, 관념과 기억과 애착이 맺고 잇는 그런 소유여서 뭇사람의 소유와 겹치고 엉켜도 넉넉히 공유되는, 소유 너머의 소유다. 그것은 숲이 우리의 관념 속에서 머무는 공간이 아니라 누리는 공간이기 때문이고, 하늘이나 바람과 달리 구체적이고 영속적인 존재이기 때문에 가능한 일이다. 그 소유는 시간과 공간을 초월한, 향유의 다른 이름이다.

물론 우리가 누린다고 생각하는 그 숲은 거의 언제나 숲의 가장자리, 나무들이 자리를 비워 준 숲의 빈터거나 인간이 숲 일부를 허물어 마련한 오솔길에 불과하다. 하지만 그나마도 그런 숲을 많이 알고 또 많은 기억을 간직한 사람은 그렇지 않은 사람과 여러모로 다를 것이라는 인상을 갖게 하는 신비로운 능력을, 숲은 지니고 있다.

도시의 가을은 문득 돋는 소름처럼 불쑥 찾아오지만, 숲의 가을은 한지에 먹물 스미듯 천천히 고요히 깊어진다. 여름 내내 완강하던 초록의 기세가 한 귀퉁이에서부터 흐트러지면 다른 잎들도 슬그머니 홍조를 뗄 채비를 하고, 꽃보다 붉다는 순간의 절정은 금세 잦아든다. 숲은 서걱서걱, 버석버석, 말라간다. 숲의 봄이 폭발하듯 느닷없이 들이닥친다면 숲의 가을은 어둠처럼 어둑어둑 다가온다. 거기 깃든 고요는 꽁꽁 싸맨 겨울의 적막이나 침묵과 다른, 돌아 앉은 남은 격정을 혼자 다독이는 고요, 가만히 흔들리면서 처연히 가라앉는 고요다. 여름의 숲이 휴식을 준다면 가을의 숲은 위안을 준다.

홍릉의 숲과 그 숲에 깃들인 생명들은 은밀히 흐트러진 잎의 빛깔과 다람쥐 무리의 다급한 움직임으로, 곧 다가올 순응의 시간 앞에 동요하는 듯 보였다. 고요 속의 그 동요는 부질없는 농성을 준비하는 전장의 어수선한 고요와 닮아 있었다.

홍릉 숲이 가공된 숲이라고 했지만, 인간이 공간을 사유하고 개념화한 이래 모든 숲은 가공되거나 통제돼 왔다고 해야 옳을지 모른다. 공간을 지배하게 된 인간은 비극적이지만 부득이하게도, 숲에 대한 억압과 약탈을 범해 왔다. 열대 우림이든 아한대의 침엽수림이든, 숲은 우리 안에 갇힌 짐승처럼 제 영역을 제한당하고 자원으로서의 가치 체계 안에 묶여 관리돼 온 것이다. 콘크리트의 방벽과 밧줄로 경계 지어진 오솔길, 정기적인 벌채와 간벌은 숲과의 공생을 위한 인간의 불가피한, 그리고 온당한 개입이겠지만, 숲의 입장에서 보자면 가혹한 침탈이다. 심지어 숲을 사랑한다며 다가서는 행위조차 숲에게는 원치 않는 참견이고, 때로는 치명적인 사생활 침해가 된다고 한다. 홍릉수목원의 조재형 박사는 "나무나 풀의 영토를 밟아 땅을 다지는 것만으로도 여린 식물의 생장에는 치명적인 영향을 미칠 수 있다"며 "숲에서는 최소한의 행위가 최선의 행위"라고 말했다.

나무는 늙지만 숲은 늙지 않는다. 환경 변화나 재해, 병해충으로 인해 병든 숲과 그렇지 않은 숲이 있을 뿐이다. 숲은 어디서나 어린 나무와 늙은 나무, 우람한 나무와 왜소한 나무, 무릎 높이의 관목과 풀들이 어우러져 서로 다투고 의지하며 모둠살이 생태 공간을 꾸린다. 한국의 숲을 청장년기의 숲으로 세대 구분하는 것은 우리 조림의 역사가 40년 남짓 됐다는 사실을 들어 흔히 쓰는 말이지만, 한날한시에 단일 수종을 심어 가꾼 특정 숲에 한해 제한적으로 쓸 수 있는 표현일 뿐이라고 조 박사는 설명했다. 그의 설명을 따른다면, 숲의 역사는 숲이 자리 잡은 땅의 변천사, 곧 인간의 역사일 따름이다. 존재하는 모든 숲은 역사 너머에서 인간사와 무관하게 존재해 왔고, 땅의 역사로 편입되지 않는 한 영원히 이어갈 것이다. 그래서 숲은 영속의 푸른 알레고리가 된다.

영국의 SF 작가 로버트 홀드스톡은 『미사고의 숲』에서 태초의 인간이 원시의 숲과 어떻게 인연을 맺고 공존(혹은 대립)해 왔는지를 신화를 매개로 보여 준 바 있다. 소설에서 '미사고'란 Myth(신화)와 Imago(심상)의 합성어로, 이상화한 신화 속 영웅의 이미지를 담고 있다. 신화의 영웅들은 문화적 변천과 함께 형태나 정체성이 변화하면서 여러 역사의 시공간에 반복적으로 등장하는데, 그 원형으로서의 미사고들이 보이지 않는 미로로 인간, 즉 문명의 시간을 차단한 채 모여 있는 숲이 미사고의 숲이다. 소설에서 그 숲은 숨겨진 기억 속에서 오직 인간의 무의식과만 소통하며 강렬한 이미지를 만들어 내는 창조의 공간이고, 시간의 법칙 밖에 존재하면서 "시간 개념이 무의미해지는 비非장소"로 등장한다. 도교에서도 신선이 사는 도원桃園을 미답의 숲이라는 공간적 상상력에 기댄다. 그렇게 숲은 문명(혹은 인간)에 저항하면서 그 문명의 무의식을 역설적으로 지탱해 왔다.

언뜻 든 생각이지만 모든 인간의 폭력은, 그 대상이 자연이든 인위든 생명이든 사물이든, 관점의 폭력에서 비롯된다는 의심도 해 보게 된다. 좋은 숲이란 건강한 숲이 아니라 실용·심미적으로 가치 있는 숲이고, 그 숲이 제공하는 산소와 그늘과 붉고 푸른 색조들은 언제나 더 큰 가치와 나란히 양팔 저울 위에 얹힐 수 있다는 관점. 예컨대 숲의 한 식구인 장수하늘소는 천연기념물이지만 엄연한 숲의 해충이다. 장수하늘소는 수세樹勢가 약한 나무에 구멍을 뚫고 먹이 활동을 하며, 이동 과정에서 참나무 잎마름병 등 병해충을 옮긴다. 생물종 다양성이 비록 지금은 위선적으로나마 중시되는 시대여서 어떤 생명에게 보호막이 돼주고 있지만 언제 숲이라는 더 큰 가치(혹은 명분)와 견주어져 위기 속으로 내팽개쳐질지 모른다.

숲과 인간의 관계도 마찬가지다. 지금 비명도 없이 사라져가는 숲과 숲에 깃들인 생명들을 떠올릴 때 그렇다. 숲과 문명 세계의 경계는 철조망이나 콘크리트로 나뉘어 단호한 듯 보이지만, 실은 공생을 위한 불가피한 침해의 현실과, 또 현실을 빙자한 관점의 폭력, 탐욕의 폭력으로 해안선처럼 넘실대고 있다.

조락凋落은 쇠퇴나 영락의 동의어다. 반면에 낙엽은 숲의 생명력과 건강성의 선명한 물증이다. 숲은 낙엽의 부피와 다채로움으로, 물기 없이 바람에 쓸리는 그 가벼운 버석거림으로 제 존재의 미래를 기약한다. 우리가 잎이 진 가을의 숲길을 걸으며 그 소리를 몸으로 공감하고 또 잃어버린 공간의 감각을 일깨우는 일에 대면 좋은 공기 마시고 몸 건강 챙기는 일은, 상수리나무가 도토리를 맺어 숲을 풍요롭게 하는 것처럼 부수적인 혜택일지 모른다. 그런 숲들이 외로운 섬처럼 우리 곁에 있다.

서 울 대

'유배지'에서 '요새'로

1969년 겨울, 박정희 전 대통령은 홍종철 당시 문교부 장관, 최문환 서울대 총장을 이끌고 자신이 일찌감치 눈여겨봐 뒀던 관악 골프장을 찾는다. 서울대가 마땅한 새 캠퍼스 부지를 못 정해 애를 태우던 때였다. 그 산기슭이 어떠냐고 제안한 것도, 그날의 '은밀한 답사'를 앞장서 주선한 것도, 팔 마음 없다는 골프장 업주를 불러 '거래'를 성사시킨 것도 박 전 대통령이었다. 『서울대학교 60년사』는 "골프족의 향락보나는 내학촌 건설이 중요하다는 대통령의 권유가 크게 작용했다는 후문이 있다"며 그 사연을 전하고 있다.

이듬해 3월 정부가 서울대 캠퍼스 부지를 현재의 관악구 관악로 1번지로 정했음을 공식 발표하던 날, 박은 최에게 친서까지 전했다고 한

공간의 성품은 그 공간에 깃들인 사람의 성품을 반영하고, 어떻게든 영향을 주기 마련이다. 경관 공학의 저 가르침은 산이나 평야 같은 자연 공간뿐 아니라 인공의 건축물에도 당연히 적용된다. 한편 공간의 이미지는 공간 주인의 이미지에 의해 영향을 받는 경우도 있어서, 주인의 이미지가 못마땅하면 공간의 미운 부분이 도드라져 보이기도 한다.

다. "한강을 굽어보는 언덕에 문화의 유산을 이어받을 사랑스러운 아들딸들에게 진리 탐구의 전당을 마련해 주고자 한다"는 요지였다. 관악 캠퍼스는 그렇게 탄생했고, 서울대는 종합대학으로서의 번듯한 틀거지를 비로소 갖추게 된다. 부지는 약 350만㎡(107만 평)로 인근 농대 연습림 514만 평은 별도였다.

터 자체의 값어치나 『서울대학교 60년사』의 행간에 스며 있는 절대 권력자의 편애, 그 편애에 대한 서울대의 노골적인 으스댐에도 불구하고, 당시 항간에는 독재자의 속셈을 의심하는 이들이 적지 않았다. 도심 시위를 일삼던 서울대 학생들을 후미진 자리에 한데 몰아넣음으로써 그 영향력을 최소화하려는 의도라는 거였다.

진실이 뭐든, 관악 캠퍼스의 입지는 음모론이 그럴싸하게 들릴 만큼 후미졌고, 지형 역시 은밀해 유배나 은둔의 거처로 어울려 보였다. 1975년 캠퍼스 이전 초기 서울 강북 학생들이 버스로 통학하려면 왕복 너덧 시간은 예사로 걸렸고, 정문 앞에는 "동양 최대"라는 이도 있고 "동양에서 다섯 손가락 안에 드는 규모"라는 말도 들리던 관악 파출소가 들어섰다. 학생들은 마을에서 한참 벗어난 그린벨트 안 산자락 등고선을 따라 개성 없이 도열한 회색 철골 콘크리트 학교 건물들을 '관악 교도소'라 불렀다.

서울대 관악 캠퍼스는 관악산 서북 능선의 깊고 널따란 골짜기 하나를 독차지하고 들어앉은 형상이다. 뒤로는 관악산의 주봉인 연주대가 섰고, 왼편에는 갈빗살 같은 수림 구릉이, 오른편으로는 도림천 원류가 계곡을 따라 흐른다. 정문과 낙성대로 이어지는 후문만 차단하면 산을 타고 넘어 경기 과천이나 안양으로 빠져나가지 않는 한, 나들기가 거의 불가능해 대학 연합 시위가 빈번하던 80년대에도 서울대는 타 학교 학생들이 내켜 하지 않던 시위 공간이었다. 캠퍼스 경계는 산, 계곡 할 것 없이 철조망으로 빈틈없이 봉쇄돼 있었다.

구글 위성 지도에 나타나는 관악 캠퍼스는 산의 심장부를 향해 화살촉처럼 파고든 형상이다. 90년대 이후 캠퍼스는 산을 향해 안으로, 또 위로 집요하게 팽창해갔다. 대학 정문에서 산자락이 시작되는 제2공학관까지 오르막 직선거리가 줄잡아 2.5km이다. 캠퍼스 원년에 지어진 잿빛 콘크리트 건물들 외곽으로 나름 개성을 살린 건축물들이 잇달아 들어섰다. 40여 개 동에 불과하던 건물은 현재 210여 개 동으로 늘었다. 도시와 학교를 잇는 셔틀버스와 마을·시내버스는 5.4km 외곽 순환도로를 따라 설치된 교내 정류장 10여 곳을 순회한다. 수용 인원 3만여 명. 지금의 관악 캠퍼스에서 유배지의 휑한 풍경을 연상하기란 불가능하다. 그 이미지는 거꾸로, 안에서 빗장을 건 요새나 난공불락의 성채와 흡사하다.

요새의 이미지는 우선 서울대가 축적해 온 엄청난 유·무형의 자산에서 연상된 것이다. 서울대는 그간 두어 차례 제 몸집을 크게 부풀리는 과정에서 영리하고 기민하게 움직였다. 그 일들이 무리 없이 진행된 데는 물론 정부 기관 등 각계에 포진한 동창 권력의 적극적인 호응이 크게 기여했다. 서울대의 욕심에야 늘 못 미쳤겠지만, 역대 정권치고 서울대 대접에 소홀했던 정권은 없었다.

하지만 서울대 자산 축적의 가장 기름진 거름은 역시 국민들의 굳건하고 무조건적인 선망이었다. 신입생 입학 성적으로 대학 서열이 매겨지는 한국 교육 현실에서 서울대는 늘 가장 달고 실한 과실을 선점해 왔다. 태생부터 1등이었던 서울대가 스스로의 분발로만 오늘의 자리를 돋웠다고 생각하는 국민은 없다. "서울대는 인재를 키우는 대학이 아니라 인재들이 거쳐가는 대학"이라던 한 서울대 교수의 비판을 삐딱한 자조로만 이해하는 국민도 아마 없을 것이다.

한국 교육 문제의 비판과 해법이 서울대를 찍어 겨냥해 온 것도 벌써 20년 가까이 됐다. 서울대의 성장이 한국의 고질적인 교육 문제, 즉 입시 파행과 사교육 비대화, 대학 서열화 등의 심화와 나란히, 심지어 서로 부역하며 진행됐다는 점에 주목해 온 이들도 더불어 늘어났다. 하지만 그들의 힘만으로는 서울대의 강고한 빗장을 열어젖히는 데는 실패해 온 듯하다.

그 사이 서울대 폐지론이 있었고, 전국 국립대 통합 방안이 있었고, 지방 국립대 거점 대학화 방안이 있었다. 2012년 대선 때는 야당 대권 주자들이 '혁신 네트워크안', '통합 네트워크안', '연합 체제안' 등을 힘주어 공약했고, 학계나 시민단체들도 열띤 어조로 제안을 보태기도 했다.

하지만 그 공방에서 방어의 주체는 언제나 그랬듯이 서울대 대학 본부가 아니라 학계와 정·관계, 언론계 등에 포진한 서울대 우호 진영이었다. 방어 논리, 뒤집어 놓으면 서울대 편애의 논리인데 이 역시 언제나 대동소이하다. 서울대를 없애자는 거냐, 연구·교육·국제 경쟁에서 앞서려면 더 지원해야 한다, 부작용을 막자고 경쟁을 포기하자는 거냐, 그런다고 문제가 해결될 것 같은가……. 과녁의 중심인 서울대는 제 몸집을 부풀릴 때 보이곤 하던 잰 행보가 무색하게, 거의 늘 묵묵부답이었다. 요컨대 서울대의 '오늘'이 누구에게는 공박의 근거가 되고 또 누구에게는 특혜의 명분이 되는, 그 공고한 순환 논리 구조 속에서, 논쟁은 진전되지 못한 채 맴돌다 멎고 맴돌다 멎곤 했다. 그사이 서울대는 비판에 대한 내성과 면역력을 키우며, 연전의 '서울대 법인화'처럼, 요새의 성벽을 더 두텁게 보강하곤 했다.

1971년 관악 캠퍼스 기공식 날 당시 서울대 국문과 4학년생이었던 시인 정희성은 "그 누가 길을 묻거든 / 눈 들어 관악을 보게 하라"로 시작하는 긴 축시 「여기 타오르는 빛의 성전이」를 낭송했다. 출발의 단상에 울려 퍼진 저 시의 당당함은, 이미 지닌 권세의 과시가 아니라 미래의 명예에 대한 믿음과 다짐의 의미였을 것이다. 40년이 지난 지금, 저 시의 약속을 감당해야 할 주체들은 철옹성 같은 캠퍼스 안에서 귀를 틀어막고 농성을 하고 있는 것은 아닌지.

관악 캠퍼스의 성장(곧 성체화)은 공간의 난개발과 나란히 진행됐다. 캠퍼스 중심 공간인 대학 본부와 중앙도서관, 학생회관은 원년의 철근 콘크리트 건물로 둘러싸인 '구舊도심'의 중심일 뿐 확장된 캠퍼스를 아우르는 공간적 지위를 상실했고, 전망대 역할을 하던 천문대와 교수회관은 배후의 고층 공학관과 연이어 지어진 연구소들로 하여 어정쩡해졌다. 조밀화 역시 심각해서 『서울대학교 60년사』의 지적처럼 "공간의 건물 신축을 통한 캠퍼스 확충은 분명 새로운 공간 확보를 위한 노력이었으나, 그 결과는 역설적이게도 오픈스페이스를 잠식함으로써 '포화'라는 공간 부재를 초래"했다. 캠퍼스와 산이 만나는 자리에 널찍하게 펼쳐진 사범대 뒤편 잔디밭(버들골)은 긴장과 이완의 전이 공간이자 호젓한 해방 공간으로서 긴 세월 지녀 온 정서적 가치를 잃고 공대 캠퍼스의 앞마당쯤으로 왜소해졌다.

그리고, 캠퍼스의 어지러운 공간성으로 대변되는 서울대의 파행은 유배지의 황량함 못지않게 황폐해 보였다. 과거 유배지의 삭막함을 견디게 해준 서울대 나름의 소명 의식과 시민들의 기대나 애정을 저 요새화한 공간 안에서 감지하기란, 유배지의 흔적을 감지하는 것만큼이나 힘들었다. 서울대가 이미 잃어버린 듯한 그것들은, 국민에게 되갚아야 할 부채로써 서울대의 자산 항목 속에 엄연할 것이다.

의 자

한 사람 분의 고독, 꿈, 시간,
기억이 머무는 자리

가구 디자이너에게 의자는 소 우주나 분신과 같은 존재다. 모든 작품
이 다 그렇겠지만, 자신의 디자인 철학과 역량을 다 쏟는 절정의 목표,
최종 도전의 대상으로 의자를 꼽는 이들이 많다. 그것은 의자의 형태
와 구조 안에 가구라는 장르의 원형적·본질적 요소가 응집돼 있는 데
다 조형적 창의의 여지가 상대적으로 많기 때문이다.

　의자는 모든 가구가 그렇듯 수평과 수직의 면과 선들이 치열하게 맞
서 그 밀치는 힘으로 서로를 껴안는 구조다. 그럼으로써 전체가 하나
의 완결적 구조를 이루고, 그렇게 완성된 존재가 또 한 사람의 온전한
공간을 구축한다. 의자는 공간을 소비하면서 스스로 공간을 창조한다.
그러므로 빈 의자는 빈자리인 동시에 뿌듯하게 채워진 자아의 공간이

빈센트 반 고흐, 「아를의 반 고흐의 방」. 의자는 한 공간에 놓여 자신의 표정으로 공간 전체의 표정을 가꾼다. 다른 가구들이 넘보기 힘든 그 권능은 의자 안에 깃든 다양한 상징들 때문일지 모른다.

된다.

의자는 다리와 안장, 등판으로 이뤄진다. 그 각각의 부분을 이루는 부재部材의 스케일을 달리 하면 의자는 침대도 되고 벤치나 테이블도 되고, 약간의 응용만으로 장이나 농으로 변신할 수도 있다. 인체 비례로부터 상대적으로 자유로운 궤나 선반 등 비非인체계 가구와 달리 몸의 부분 비례라는 상수常數와 기능적 편리성, 구조적 안정성 등에 특별히 예민한 가구가 의자다. 비인체계 가구는 더러 가구의 범주를 벗어나 오브제의 영역을 넘보기도 하지만, 의자는 적어도 의자인 한, 디자인적으로 좀 무리를 하더라도 가구로서의 범주를 벗어날 수 없다. 대신 침대나 책상과 달리 심심한 수평면과 따분한 수직의 구조만 고집하지 않아도 된다. 침대의 상판은 기울어지거나 구부러질 수 없지만 의자의 안장은 다르다. 몸의 하중을 분산하기 위해 엉덩이의 곡선을 희화화할 수도 있고, 척추와 등을 편안하게 지탱해 주기 위해 등판에도 다양한 곡면을 채택할 수 있다. 책상 다리는 사선으로 땅과 이어질 수 없지만 의자의 다리와 등판은 뒤로 벌어질 수도 있고, 둥그렇게 휠수도 있고, 다리 숫자를 늘리거나 줄일 수도 있고, 아예 없앨 수도 있다. 요컨대 인체계 가구로서의 디자인적 억압에 맞서 미적 가치를 구현하려는 디자이너의 조형적 자유가 상대적으로 넉넉한 것이 의자다.

의자가 가구의 꽃으로 꼽히는 이유, 숱한 가구의 거장들이 의자를 자신의 디자인적 성취의 상징으로 삼는 까닭이 대체로 저러하다. 모방품의 대중화로 우리 눈에 익은 '바르셀로나 의자'의 작가 겸 건축가 미스 반 데어 로에Mies van der Rohe가 했다는 "빌딩 하나를 짓는 것보다 의자 하나를 디자인하는 것이 더 어렵다"는 말도 그리 심한 엄살이 아닐 것이다. 의자는 가구, 나아가 구조·조형의 기초이며 궁극이라고 해도 과언이 아니다.

공간으로서의 의자는 여타의 가구들과 달리 독립적이다. 사람이 있든 없든, 다른 가구와 짝을 짓지 않고도 홀로 빈 공간에 놓여 고독한 위엄의 자리를 만든다. 동시에 개별적이다. 수백 수천 개의 의자가 놓여도 각자의 의자는 온전한 자신의, 그리고 한 사람 분의 공간을 구축하면서 개성을 잃지 않는다. 그리고 사회적이다. 침대나 책상과 달리 의자는 광장이나 극장에 홀로 또는 여럿이 나서는 데 스스럼이 없다.

저 모든 성격은 의자의 다양한 쓰임새에 기인하기도 하고, 거꾸로 기여하기도 한다. 현대인에게 의자는, 잠잘 때를 제외한 거의 모든 일상의 행위들—먹고 마시고 일하고 쉬고 노는—이 이루어지는, 드물게는 마지막 숨을 들이쉬며 세상과 작별하기도 하는 공간이다. 그 자리들은 한 사람이 깃들여 살고 있는(살아온) 이 우주 안에서의 공간적 좌표인 동시에 사회적 좌표다.

책상을 마주하고 의자에 앉아 일할 때, 혹은 테이블에 모여 앉아 회의를 할 때 의자는 특별히 불편하거나 어색하지 않은 한, 특별한 존재감이 없다. 사무 공간을 둘러보더라도 책상을 주로 살피지 의자에 주목하는 경우는 드물거나 아주 잠깐이다. 한 자리에서 몇 년째 일하면서도 의자 등판이나 다리의 재료가 뭐며 어떤 곡률로 휘어져 있는지, 회전의자의 경우 바퀴가 몇 개이며 또 이떻게 생겼는지 살펴볼 겨를도 성의도 없다. 사무직이라면, 그 의자는 하루의 거의 절반 동안 육체를 지탱하는 노동의 공간이다.

사무 의자는 대개 최대한 오래 앉아 있을 수 있게 만들어진다. 지나치게 푹신해서 비뇨기 계통의 혈류나 신경을 압박하지 않으면서, 척추나 허리, 목에 최대한 무리를 주지 않아야 한다. 반면에 여가와 휴식의 자리로서의 의자는 안락함이 중시된다. 안장은 최대한 푹신해야 하고, 등 받침의 기울기도 상체의 기울임에 따라 순하게 따라 누워야 한다. 한 사무 공간 안에서도 직급에 따라, 재질의 차별성뿐 아니라 등 받침의 높이나 기울기 반경이 다른 경우가 드물지 않다. 하위직의 의자일수록 지구력의 유지에 배려하고 고위직의 것일수록 안락함을 배려한다.

의자의 저 상반되면서도 보완적인 두 기능의 조합은 권력 귀족의 전유물이던 의자의 태생적 상징성을 흐릿하게나마 유지하고 있다. 의자의 유래는 고대 이집트까지 거슬러 올라가지만, 일상의 가구로 보편화한 것은 동서양을 막론하고 1백 년 남짓에 불과하다고 한다. 권좌라는 말, chairman이라는 단어에서 감지되듯, 의자는 긴 세월 동안 '특별한 자리'로 군림해 왔다. 그것이 노동(산업) 형식의 변화와 더불어 보편화했고, 입식 문화의 정착과 함께 일상화했다는 것이다.

아니 어쩌면 모든 의자는 계급 계층의 상징성을 내장하고 있는지도 모른다. 잡다한 종류의 의자들을 한데 모아 놓은 비일상적 유흥의 공간에서도 부피나 재질, 구조면에서 특별한 존재감을 과시하는 의자가 있기 마련이다. 우리는 미처 인식하지 못한 채 무리들 가운데 알파 존재의 몫으로 그 의자를 비워 두게 되는 것은 그 때문이다.

동시에 의자는, 작가 공지영이 집필한 쌍용차 사태 르포집 『의자놀이』에서처럼 특권의 자리가 아니라 생계의 자리, 존재의 자리로 확장된다. 미취업 88만 원 세대에게, 해고 노동자에게, 구직자에게 의자는 절박한 갈망의 자리이자 이 사회의 계급 계층적 갈등과 모순, 체제의

미스 반 데어 로에의 '바르셀로나 의자'

구조적인 모순들이 한데 모인 공간의 상징이 된다. 용케 자리를 차지한 이들도 연말 연초 인사이동 시즌마다 의자를 바꿔 앉아야 한다. 자리를 옮기는 이들은 옛 유행가가 '사장님 의자'라며 부러워하던 회전의자 위에 잡다한 사무용품을 싣고 이사를 가기도 한다. 승진의 기쁨 혹은 좌천의 쓸쓸함을 곱씹으며, 새 의자의 높이를 자신에게 맞춘다. 그 낯선 느낌과 어색하게 교감한다.

서재나 침실에 놓아두는 나만의 의자(흔들의자나 일인용 소파, 라운지 체어 등)도 있다. 하루의 노동을 끝내고 일상을 되돌아보는 시간. 그때 의자는 내밀한 애착의 시간을 지탱하는 공간, 내가 나를 격려하고 존중해 주는 자리가 된다. 누군가 뒤에서 기분 좋게 포옹해 주는 듯한 느낌을 주는 멋진 의자를 만나기란 쉽지 않지만, 운 좋게 찾아 낸 이라면 그 의자는 자신의 생애의 의자가 되기도 한다. 물론 물질적·공간적·시간적 여유가 있어야 가능한 이야기겠지만, 당장 여유가 없어 상상만 하거나 빈자리로 놓아둘망정 거기 아무 의자나 놓지는 않겠다는 고집쯤은 부려볼 만하다. 그때의 의자는 출세의 목표와는 다른, 어떤 귀한 시간에 대한 희망이자 꿈이다.

초·중등 교실의 걸상을 맨 처음 디자인한 이는 누구였을까. 이제는 철제 구조물에 합판을 휘어 붙인 가벼운 의자들도 많지만, 근 백 년 동안 매년 수십만 명의 학생들이 앉거나, 이어 놓고 눕거나, 무릎 꿇고 앉아 두 팔로 쳐들기도 하던 그 클래식한 소나무 의자가 그리워질 때가 있다. 의자는 공간의 기억, 시간의 기억이 머무는 자리이기도 한 모양이다.

미국의 시인 콘래드 에이킨Conrad Aiken이 홀로 앉아 지나가는 배들을 응시하곤 하던 강 언덕 위에 훗날 묻힌 뒤 묘석 대신 놓아두게 했다는 벤치(이후 무덤 자리에 의자를 남기는 이들이 더러 있다고 한다)처럼, 존재와 기억의 더 선명한 상징물로서의 의자도 있다. 그 순간 의자는 셸 실버스타인의 『아낌없이 주는 나무』의 나무둥치처럼 마지막 베풂의 상징이라 해도 좋을 것이다.

3
거기

아궁이

마음이 열리고
마음을 데우는 자리

고된 시집살이에 서러운 새색시가 마음 편히 쉴 수 있는 드문 자리 가운데 한 곳이 아궁이 앞이다. 이글이글 잉걸불이 다 익도록 친정 생각에 젖고, 꾸벅꾸벅 졸기도 하고, 타닥타닥 터지는 장작 소리에 어릴 적 동무들과 부르던 노랫가락을 흥얼흥얼 얹어 보다가 찔끔 눈물이 흘러나오기도 하고. 울다가 시집 식구 눈에 띄더라도 매운 연기 탓으로 얼버무리며 애먼 부지깽이만 좀 더 바삐 놀리면 그만이다. 아랫목이 뜨듯해지려면 족히 두어 시간은 걸린다. 저녁 밥상 거두고도 한참을 아궁이 앞만 지키고 앉은 각시가 야속하지만 서방은 어른들 흉볼까 봐 큰 소리로 부르지도 못한다. 기다림에 지친 신랑은 뒷간에라도 가는 척 방문을 나서고, 그렇게 어린 부부의 아궁이 앞 불장난이 시작되곤

아궁이는 집의 가장 낮은 자리에 열려 그 온기로 집안을 데운다. 아궁이 불 지피기는 의외로 어렵고 책임은 막중해서 꾸지람 듣기 딱 좋은 일이다. 그래서 그 일은 대개 집안의 가장 끗발 없는 이에게 맡겨지지만, 그게 짐이 아니라 웅숭깊은 배려라 여겨지기도 한다. 아궁이 앞에서만 누릴 수 있는 것들이 있기 때문이다.

했다. 아궁이 앞에선 한 이불 속에서도 서로에게 하지 못한 말들도 수줍게, 숫접게 나눌 수 있었을 것이다. 그렇게 낭비되는 장작이 좀 아까웠겠지만, 어른들도 어지간하면 그 자리는 모른 척해 줬다고 한다.

불 때기가 생각처럼 쉽지 않다는 건 때본 사람은 안다. 불쏘시개가 변변찮으면 불붙이는 것부터 만만찮고, 덜 마른 장작이라면 연기만 자욱해지기 일쑤다. 간신히 키운 불도 잘못 쑤시면 금세 스러진다. 장작을 처음부터 너무 깊이 넣어도 안 되고 화구 들머리에서만 계속 태워도 안 된다. 아랫목에 일찌감치 좌정한 어른들의 성화에 마음은 다급한데 불쏘시개 다 태우도록 불이 시원찮으면 새색시는 머뭇머뭇 남편에게 도움을 청한다. '저기요~' 미덥지 않던 서방이 모처럼 근사해 보이기도 하는 곳. 불길과 함께 신랑의 위신도 치솟는다. 아궁이는 불의 문이고, 겨우내 나눌 집안의 온기가 처음 맺히고 시작되는 자리다.

아궁이에서 지펴진 불길이 지나는 길을 '고래'라 부른다. 고래의 경로는 똬리 튼 뱀처럼 구불구불 굽이치며 방바닥을 돌다가 아궁이보다 높은 연통과 굴뚝으로 이어진다. 불기가 위로 솟는 이치를 따라 고래는 얕은 오르막 경사를 따라 놓인다. 출발점인 아궁이는 그러므로 집의 가장 낮은 자리에 열려야 한다. 고래 중간중간에는 '개자리'라 부르는 방석만 한 넓이의 공간을 마련해 둔다. 불기가 잠시 머물면서 쉬다가(재연소) 굴뚝으로 빠져나가기 전 습기도 재우기 위한 자리다. 새벽녘 불기가 식으면 마당에 사는 강아지들은 고래를 따라 들어가 개자리의 온기로 겨울밤을 보내곤 했다(그래서 개자리일까). 아궁이에 불을 때지 않는 한여름이면 개자리는 또 강아지의 피서지였을 것이다. 집에 사람이 있는 한 아궁이 문이 닫히는 일은 없었고, 그것은 상징적인 의미 이전에 강아지를 위한 현실적인 배려였을지 모른다.

구들 난방의 관건은 결국 서양식 벽난로와의 차이이기도 한데, 위로 치솟고 바깥으로 도망치려는 불을 순하게 붙들어 앉히고, 미리 깔아 둔 불의 길(고래)을 따라 안으로 고요히 흐르게 하는 데 있다. 너무 급히 흘러도, 너무 더디게 흘러도 안 된다. 급하면 열기를 낭비하게 되고, 더디면 불이 역류하기 때문이다. 제 에너지를 다 주고 굴뚝을 타고 올라 사라질 만큼의 힘만 남긴 열기는 연기도 그을음도 없이 대기 속으로 흩어지게 된다. 불의 장인들이 구들이나 화덕을 놓을 때, 고래 깔고 개자리 놓고 구들장 앉은 뒤 맨 마지막 절정의 솜씨를 자랑하는 곳, 사소한 실수를 미조정해 완벽을 기하는 곳도 아궁이었다. 불의 문은 구들 난방의 핵심이었다.

불을 잘 다스리기 위한 첫 단계는 좋은 예열이다. 아궁이 안, 그러니까 연소실이 데워져야 공기(산소)를 빨아들이는 힘이 생기고, 불을 살릴 상승 기류가 만들어지기 때문이다. 다시 말해 종이나 불쏘시개는 장작에 불을 붙이는 재료라기보다는 연소실의 공기를 달구는 재료다. 부채나 입김으로 연기의 방향을 잡아 역류하지 않게 길들이는 것도 이 단계에서 해야 할 일이다. 불쏘시개에 불이 충분히 붙으면 새색시 팔목 굵기의 나무를 넣어야 한다. 너무 굵은 장작은 연기만 나고 불완전 연소할 수 있다. 불이라고 다 같은 불이 아니어서 열기가 소화해 낼 만한 장작을 순차적으로 넣어야 하고, 하나하나의 장작도 타는 부분과 가열 건조되는 부분, 아직 타지 않은 부분을 살펴 조금씩 아궁이 깊이 밀어 넣어야 완전히 태울 수 있다. 김성원의 『화덕의 귀환』이란 책에는 그 과정을 이렇게 소개한다. "밑불에 의해 나무가 가열되면서 나무 안의 습기가 증기로 방출된 후 나무가 적당히 건조되어 나무 가스가 발생하고 여기에 불이 붙고 고온의 숯이 생기고, 이 숯층을 통과하면서 다시 나무 가스가 산소와 결합해서 불꽃이 생기고 이산화탄소가 일산화탄소로 변환되면서 연소되는 일체의 연소 과정이 너무 빠르지 않게 순서에 맞게 일어나도록 하면 깨끗하고 완전한 고온 연소가 일어납니다." 옛 여인들은 저 복잡하고 정교한 과정들을 오직 경험으로 터득했을 것이다.

나무가 불을 만나면 열분해가 시작된다. 조직이 풀리면서 먼저 수분을 수증기로 배출하고, 휘발성 나무 기름이 끓으면서 나무의 연소 가스를 뿜어낸다. 불이란 엄밀히 말하면 나무가 타는 게 아니라 150도 이상의 고온으로 달궈진 나무가 토해 낸 나무 가스와 엉긴 나무 기름의 그을음tar이 산소와 함께 타는 것이다. 나무는 탄소(50%)와 산소(44%), 수소와 무기질(6%)로 이뤄져 있다. 가장 뜨거운 열을 내뿜는 숯은 휘발성 물질을 방출한 탄소 덩어리이고, 재로 남는 것은 산화칼슘, 망간, 규사 등 무기질이다. 완전 연소는 불꾼들의 꿈이다. 좋은 불꾼은 불을 지피는 속도나 불꽃의 크기가 아니라 꺼진 불자리, 타고 남은 재의 부피로 제 솜씨를 뽐낸다.

불을 만들고 다루는 것은 저렇듯 이성의 영역, 과학의 영역일지 몰라도 불을 바라보고 누리는 것은 아무래도 영혼의 영역, 몽상의 영역이다. 새색시가 시간 가는 줄 모르고 아궁이 앞에 머무는 것은 추운 날의 훙감한 온기 못지않게 불꽃 자체의 모호하고 신비로운 시각적 마력에 홀려서이기도 할 것이다. 바슐라르가 불꽃이 지닌 물질적 상상력의 4요소 가운데 하나로 불을 꼽으면서 "불꽃은 우리에게 상상할 것을

모닥불의 느낌은 땔감에 따라 달라지기도 한다. 파도에 밀려온 나무 의자 다리나 숲에서 주워 온 나뭇조각들로 근근이 피우는 불과 알맞은 크기로 잘라 말려 둔 장작으로 피우는 불이 같을 수는 없다. 전자가 못난 내 강아지와 함께 사는 기분이라면 후자는 혈통 좋은 이웃집 강아지와 잠깐 노는 느낌이라고 할까.

강요한다"고 할 때, 하다못해 모닥불 앞에라도 오래 머물러 본 이라면 '강요'라는 저 말이 얼마나 적실한 표현인지 안다.

> 불꽃 앞에서 꿈꿀 때, 사람이 상상한 것에 견주어 본다면 사람이 인지하는 것은 아무 것도 아니다. 불꽃은 그 은유와 이미지의 가치를 매우 다양한 명상의 영역 안에 두고 있다. (······) 불꽃의 몽상가는 모두 잠재적 시인이다.
>
> — 가스통 바슐라르, 『촛불의 미학』에서

고독하게 홀로 타면서 혼자 꿈꾸는 촛불이 애절한 짝사랑의 이미지라면, 아궁이 속에서 이글거리며 서로를 휘감는 불꽃은 역시 바슐라르가 『불의 정신분석』에서 언급한 원초적이고 충동적인 사랑(노발리스 콤플렉스)의 이미지를 연상시킨다. 스스로를 태우며 빛을 발하는 불꽃은 제의祭儀의 불꽃이고, 파괴와 재생과 정화의 불꽃이기도 하다. 불의 힘으로 신이 되고자 만년의 육신을 에트나 화산 속에 던졌다는 엠페도클레스의 욕망도 그 앞에서는 공감하기 어렵지 않다. 기원전 5세기 그리스의 자연철학자인 그는 세상의 근원을 4원소, 즉 물·불·흙·공기로 나누고 4원소 간의 결합-분리 양상에 만물의 생성·소멸·존재·진화의 양태가 달려 있다고 여겼다. 그는 왜 저 네 개의 근원 물질 가운데 불에게 자신의 존재를 의탁했을까. 사실 여부조차 명확하지 않은 저 죽음의 신화가 2천 5백 년이 흐르도록 건재한 까닭은, 어쩌면 불이 인류에게 끼쳐 온 원초적이고 몽환적인 유혹의 힘 때문인지 모른다. 저 죽음의 신화는 그러므로, 그의 진실이 아니라 인류의 진실 위에 놓여 있다고 해야 옳을 것이다.

종교학자 미르치아 엘리아데는 『대장장이와 연금술사』에서 불을 다스리는 것의 의미를 신화적 상상의 맥락에 이어 놓기도 했다. 그는 물질의 상태를 변화시키는 체험, 곧 '조물주적 체험'의 주인공으로 '불의 지배자'인 도공陶工과 야금공, 대장장이를 들면서 "자연에 참여하는 것, 자연이 점차 빠른 속도로 생산하도록 돕는 것, 물질의 양상을 변화시키는 것, 바로 이러한 것들이 연금술적 관념의 근간을 이룬다"고 했다.

> 불은 세계를 바꿀 수 있는, 따라서 이 세상에 속하지 않는 주술적·종교적 힘의 표명이었다. 이미 많은 고대 문화 속에서, 성聖의 전문가들—샤먼, 의무醫巫, 마법사—을 '불의 지배자'라고 생각했던 것도 그런 이유에서다. 원시 주술과 샤머니즘은 '불에 대한 통달'이라는 개념을 내포하고 있어서 의무는 잉걸불을 만지고도 끄떡없어야 하며, 혹은 몸속에서 '내부의 열'을 일으켜 혹한에서도 열기를 느끼거나 뜨끈뜨끈해야 한다.

취사와 난방에 아궁이를 쓰는 가정은 드물다. 1960년대 말 석유풍로와 난로가 등장했고, 70년대 중반부터는 집집마다 프로판가스에 연결해 쓰는 가스레인지가 생겼다. 그게 상수도처럼 배관을 타고 실내로 흐르는 액화천연가스LNG 연료로 바뀌더니 이제 불꽃 없이 음식을 데우는 전자레인지나 전기플레이트를 쓰는 집도 흔하다. 화덕이나 부뚜막 딸린 전통 아궁이는 민속 마을이나 오래된 마을의 한옥 관광 숙소에나 남아 있고 불을 피우는 것도 캠핑이나 가야 경험할 수 있게 됐다. 버튼 하나면 점화와 소화, 온도 조절에 예약 난방까지 되는 편의성에 대자면 아궁이 앞에서의 노고와 나무 조달의 번거로움은 실감하기 힘든 옛이야기가 됐다.

　그런데 꼭 그런 것만은 아닌 게, 김성원의 책 제목처럼 귀농·귀촌인들 중에 화덕과 구들을 찾는 이들이 늘고 있다고 한다. 열효율을 높이고 연기를 대폭 줄인 개량형 구들 아궁이가 실외나 부엌이 아니라 거실로 진입해 황토방을 데우고 벽난로처럼 운치까지 선사한다는 것이다. 이중 구들의 대가로 꼽히는 이화종의 『벽난로, 구들방을 데우다』라는 책에는 구들 온기 자랑이 넘쳐난다. 예전의 그 심란하고 신산한 아궁이 노동은 잊고 뜨듯한 아랫목 온기만 생각하라는 말이고, 건강에도 좋고 자연친화적인 데다 경제적이기까지 하다는 주장이다. 말처럼 정말 그런지는 모르지만, 어쨌든 아궁이를 껴안고 지내는 이들이 있다는 사실의 환기만으로도 마음이 데워지는 듯한 것도 사실이다. 어쩌면 우리는 물리적 온기보다 마음의 온기를, 물질적 편의 못지않게 잠깐이나마 귀하게 누릴 수 있는 아늑한 여유를 더 간절히 원하는지 모르겠다. 아궁이가 귀환하고 있다고 한다.

외 딴 방

한 고독한
이별의 자리

공동체의 비극은, 자신에겐 너무나 복잡 미묘한 삶의 많은 국면들이 타인의 삶에서는 아주 쉽고 단순해 보인다는 점과 무관하지 않다. 삶도 사랑도 대상화하는 순간, 우리는 대담해진다. 다시 말해 무례해진다. 무례는 때로는 유희와 버무려져, 그 무례의 유희를 공유하는 크고 작은 익명의 무리를 만들어 내기도 한다. 그럼으로써 공동체의 건강성을 해치고 개별적인 삶과 인간성을 병들게도 한다.

집단의 성격에 따라 정도의 차이는 있겠지만 모든 공동체는 구성원(개인)의 자유를 견제하고 억압할 수밖에 없다. 그리고 인류 역사는 개인이 공동체의 장악력에 맞서 제 영역을 꽤나 성공적으로 넓혀 왔음을 보여 준다. 비극은 거기에도 있다. 지금 우리가 한 공간을 통해 엿보려는 죽음의 한 형식, 무연사無緣死(혼자 살다가 고독하게 맞이하는 죽음)가 그것이다. 무연사, 고독사는 집단과 개인이 맞서는 과정에서 생긴 공동체의 가장 적나라한 상처 가운데 하나일 것이다.

2012년 6월 중순, 서울 변두리의 한 오래된 다세대 원룸 화장실에서 60대 남자의 시신이 발견됐다. 경찰 조사 결과 그는 세입자였고, 숨을 놓은 지 무려 다섯 달이나 지난 뒤였다. 경찰은 자살로 사건을 종결했고, 시신은 수소문 끝에 찾아낸 유족에게 인도됐다. 시신이 발견된 뒤 열흘 만에 찾아간 방은 문이 잠긴 채 비어 있었다.

고인이 살던 다세대 건물은 재래시장 가게와 가게 사이, 눈여겨보지 않으면 지나치기 십상인 통로 안쪽 깊이 숨어 있었다. 대학이나 업무 공간, 유흥가가 들어서면 늘어난 독신 주거 수요를 수용하기 위해 아예 동네 전체가 '~빌라', '~빌', '~하우스' 같은 이름을 달고 급변신하면서 양산해 내는 주거 공간. 동네나 증·개축 시기에 따라 유전자 조작으로 세련되게 변모한 신종 포유류 같기도 하고, 멸종을 앞둔 짐승의 윤기 잃은 거죽처럼 안쓰러워 보이기도 하는 그런 건물. 그 흔한 리모델링도 해본 적 없는 듯 낡고, 이름도 없는 건물이었다.

어두운 1층 복도의 맨 안쪽에 시장 상인들이 이용하는 공용 화장실이 있었고, 그 화장실을 마주한 방이 고인의 생애 마지막 1년 동안의 거처였다. 세 칸짜리 싱크대와 어른 가슴 높이의 신발장 하나가 놓인 거실 겸 주방 겸 침실, 그리고 고인이 마지막 잠을 위해 이부자리를 폈던 반 평짜리 화장실이 전부였다.

유족이 전한 바, 그는 재단사였다. 초등학교를 마치자마자 양복점에 취직하여 잔심부름부터 하며 일을 배웠고, 10년 뒤 20대 중반의 그는

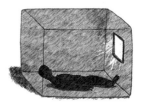

고독사는 집단과 개인이 맞서는 과정에서 생긴 공동체의 가장 적나라한 상처 가운데 하나일 것이다. 이미 드물지 않게 발생하고 있는 이러한 죽음에 대해 한 켠에서는 사회적 환기와 제도적 대책을 촉구하고 있지만, 어쩌면 우리는 세상의 변화와 함께 삶의 양식이 달라지듯이 죽음의 형식 또한 달라져 왔고 달라져 갈 것이라는 사실을 정중하게 또 처연하게 수용해야 할지 모른다.

어엿한 기술자가 됐다. 당시, 그러니까 60년대 말 70년대 초의 의류 봉제 산업은 한국 내수·수출 시장의 주력 산업이었고, 재단사는 그 업종의 꽃이었다. 스물여섯 살에 그는 결혼을 하면서 독립했다. 가게가 잘될 땐 직원도 서넛씩 두고 버스 안내양 유니폼 단체 주문도 받는 등 순탄했다고 한다. 그러다가 IMF가 터졌고, 사업이 망하면서 아내도 떠났다. 그 이후 그는 혼자였다. 그래도 어떻게든 살아 보려고 하는 것 같더라고, 여기저기 아는 사람들 찾아다니며 '시다' 일이나마 찾아 하는 눈치였고, 허름하긴 해도 지하철역에서 걸어 7분 거리에 전세보증금 4천5백만 원짜리 화장실 딸린 방도 얻었더라고, 1년에 서너 번은 연락하고 살았다는 고인의 형은 말했다.

시신 곁에는 '2011년 12월 30일 새벽 5시 18분'이라 작성 시점을 적은 짤막한 유언장과 장례 비용으로 써달라며 찾아둔 현금 238만 원이 있었다. 그는 많다면 많다고 할 수도 있는 예금 4천만 원과 방 보증금을 형에게 남겼다. 그 돈이라면 더 나은 방을 구해 살 수도 있었을 테고, 당장 먹고살 길이 막막하지도 않았을 것이다. 그리고 고인에게는 아무 때나 마음 편히 연락할 수는 없었다지만, 그래도 찾자면 찾을 수도 있었을 전처와 성년의 딸이 있었다.

그의 방은 한낮에도 어스레하니 어두웠다. 4절지 두 장 맞붙인 크기의 창이 있었지만 옆 건물 외벽과 버려진 계단 난간에 거의 맞닿아 햇빛이 스며들기 힘든 구조였다. 바람조차 나들기 힘들었던지 시신을 수습한 뒤 도배까지 새로 했다는 방에는 역한 냄새가 남아 있었다.

건축가 르코르뷔지에가 생을 마감한 프랑스 남부 마르탱 숲 속의 오두막이 4평이었고, 헨리 데이비드 소로의 영혼과 육신의 거처였던 월

든 호숫가 오두막도 그쯤 되는 넓이였다. 그러니까 좁은 탓만은 아니다. 구조 탓? 선입견 탓? 그의 공간은 폐쇄적이고 불친절해 보였다. 고집과는 다른, 표정도 개성도 없는 냉담함 같은 느낌을 주었다.

고인은 그 공간과 어떤 교감을 나눴을까. 유서에 적은 저 형이상학적 그리움은 어쩌면 심리학에서 인간의 두 가지 내재 충동 가운데 하나라 명명한 초월의 충동에 들려 있었다. 적어도 다른 하나의 충동, 즉 안주安住의 충동은 기를 못 펴고 있는 듯했다.

"이 지구와 연을 맺고 내 할 일 다 한듯하여 이제 구름이 되어 볼까, 바람을 타볼까. (……) 우주 속의 티끌(……) 아주 많이 생각했다. (……) 그냥 무한 속으로 가보런다. 떠난 뒤 내가 소유한 모든 것은(……) 더 잘해 주지 못해 안타깝다."(유서의 일부)

60대 중반의 형은 중간중간 "하고 싶은 말은 많지만……" 하다가도, 자책과 부채 의식에 짓눌린 듯 말문을 닫곤 했다. 묻지도 않았는데 그는 동생이 남긴 유서의 유장함을 해명했다. "학벌은 없어도 동생이 독학을 했어요. 직원들한테 꿀리기 싫다면서 영어와 한자도 익히고 책도 꽤 읽는 눈치였어요." 그가 동생을 마지막으로 만난 것은 그해 1월, 설 직전이었다고 한다. "영등포시장에서 소주 두 병을 나눠 마셨어요. 뭐 특별한 얘긴 없었고……, '식구랑 연락 하냐'고 물었더니 '수신거부 해뒀던데 전화하면 뭐하냐'고 심드렁하게 대답하더군요. 뭐 그런 얘기였어요. 그런데 그때 이미 유서를 써둔 거였어." 형은 동생에 대해, 동생이 대면했을 세상의 매정함과 불친절에 대해 하고 싶은 말이 많은 듯했다. 형과의 그 만남이 경찰이 확인한 고인의 마지막 행적이었다. 건물 외벽에 붙은 고인의 방 가스계량기에는 5월 16일자 공급 중단 통보와 함께 노란색 '사용 금지' 표찰이 붙어 있었다.

방문을 열고 스무 걸음 정도만 나가면 재래시장의 한복판에 서게 된다. 새벽 5시면 문을 여는 떡집과 김밥 가게가 있고, 자정 너머까지 영업하는 횟집도 지척이었다. 그가 이따금 들렀을 통닭집 주인아주머니는 손님과 무슨 농담이라도 나누던 참이었는지 와하하 웃으며 손님의 어깨를 툭 치고는 웃음 머금은 얼굴로 생닭의 몸통을 툭툭 잘라 내고 있었다. 그가 유서의 문구를 다듬던 그 며칠, 혹은 몇 달 그 유예의 시간에도, 또 그 후로도 동네 풍경은 그가 처음 동네를 찾아 들었던 때의 풍경과 다르지 않았을 것이다. 사건 현장에는 그가 먹다 남긴 치킨 두 조각이 나무 막대기처럼 말라 있었다.

경찰 조서와 형이 전한 몇 마디 말로 그의 삶이 온전히 연역될 수 없듯이, 그가 남긴 짤막한 유서만으로 죽음의 맥락이 해명될 수는 없다. 또 모든 것이 해명된다고 하더라도 그가 택한 낯설고 폭력적인 이별의 형식은 남은 이들을 스산하고 적막하게 만들 수밖에 없다.

일본 NHK 취재팀의 책 『무연사회』는 이미 드물지 않게 발생하고 있는 일본의 무연사 사례들을 소개하며 그 '딱한' 현실에 대한 사회적 환기와 제도적 대책을 촉구하고 있다. 취재팀은 "이 같은 흐름을 더 이상 막을 수 없다는 문제 제기만 하고 포기하는 것이 아니라 프로그램 제작을 통해 무언가 해결 가능성을 모색해 가려 한다"고 적었다. 요컨대 "우리나라(일본)가 무기질적인 '무연사회'가 되는 것을 막는 게 필요하다"는 거였다. 하지만 어떻게?

어쩌면 우리는 세상의 변화와 함께 삶의 양식이 달라지듯이, 죽음의 형식 또한 달라져 왔고 달라져 갈 것이라는 사실을 정중하게 또 처연하게 수용해야 할지 모른다. 일본 종교학자 시마다 히로시는 『사람은 홀로 죽는다』라는 책에서 죽음의 종교·문화사적 의미를 분석한 뒤 "모든 죽음은 본질적으로 무연사"라며 "(그 현상을) 막으려는 노력보다 그것이 대체 어떤 것인지 살피고 그 현상을 거울삼아 자신의 모습을 다시 한 번 바라보자"고 조언했다. 그는 무연사회의 부정적인 면들이 지나치게 감상적으로 부각될 경우 자칫 지난 유연사회(농경 공동체 사회)의 부정적인 면들, 예컨대 가부장적 권위나 전통의 억압 등이 이상화될 수 있음을 우려했다.

그렇게 한 남자의 고독한 죽음은 가치관과 뉘앙스로 엇갈리는 저 두 갈래 시선 앞에, 그리고 우리 앞에, 놓여 있다. 그리고 그 판단과 선택은 원칙적으로 공동체가 아니라 우리 개개인의 몫이어야 한다. 죽음의 주체도, 애도의 주체도 공동체가 아니라 개인, 곧 '나'일 수밖에 없기 때문이다. 그리고 영국의 추리 작가 콜린 덱스터Colin Dexter의 말처럼 우리는 누구나 매일 24시간씩 저마다의 속도로 죽음을 향해 나아가고 있기 때문이다.

국립묘지

불멸하는
정신의 공간

매년 6월 1일 아침이면 대전 국립현충원에서는 사자死者들의 점호가
시작된다. 한 위 한 위 관등 성명을 확성기로 호명하는, '전사자 호명
Roll-Call' 행사다. 묘역은 물론 대답 없이 적막하지만, 마치 어떤 영화 속
장면처럼 군데군데 땅이 일어설 듯 긴장감이 감도는 것도 사실이다.
묘역의 분위기는 그렇게 일순 흔들린다.

유가족과 자원봉사자들이 1948년 대한민국 국군 창설 이래 한국전
쟁이 끝날 때까지 전사한 4만 5천여 위의 군별, 계급, 성명을 호명할 때
마다 대형 LED 전광판에는 명단들이 번쩍 떴다 스러진다. 잊지 않았
다는, 잊지 않겠다는 의지를 담은 국가의 이 행사는 현충일인 6일까지,
하늘나라로 부치는 엽서쓰기 등 다양한 부대 행사와 함께 이어진다.

국립묘지의 공간적 질서는 공동체가 마땅히 공유해야 할 가치 혹은 정신의 값어치를 도드라지게 해 주는 미학적 장치다. 그리고 저 공간이 드러내고자 하는 정신의 불멸성은 꼼수나 타협이 아닌 구성 원들의 유예 없는 동의 위에서만 구현될 수 있을 것이다.

묘역은 엄숙한 공간이다. 가지런하게 조성된 곳이든, 비탈을 따라 분방하게 펼쳐진 곳이든 사자들의 공간은 어디나 성역^{聖域}이다. 이 말은 모든 주검은 성스러운 존재라는 의미이기도 하다. 더러 외신이나 신문 사회면에 혼이 떠난 육신에 참담한 짓을 범하는 사례들이 소개될 때도 있지만 고인의 생전 행적에 대한 분노나 원한으로 하여 죽음 자체를 부정하고 싶은 이들, 혹은 종교적 신념이나 사적인 이해에 스스로 제 넋을 내팽개친 이들의 예외적인 이야기라고 봐야 옳다. 그들에게 주검은 온전한 형이상학적 주검이 아니라 행위나 가치가 대상화한 물질일 것이다. 부검의가 메스를 들 때 마주하는 주검 역시, 생시의 삶의 의미보다 절명의 내력을 밝혀 줄 직접적인 증거 자료라는 의미가 우선한다는 점에서 물질적이다. 추억되는 주검의 공간은, 그곳이 묘지이든 영안실이든 주검의 상징과 추억이 밴 마음 깊은 한 자리이든, 나풀거리는 감정의 깃을 여미게 한다.

그리고 국립묘지는 국가가 정하고 국민이 동의한 성역이다. 거기 깃들인 주검들은 국가와 국민의 약속 위에서 불멸성을 획득한 정신들이다. 가지런하게 평토된 드넓은 공간 위에 끝없이 일사불란한 방사상으로 확산되며 선 묘비들은 다소 불편한 표현이긴 하지만 수전 손태크^{Susan Sontag}가 명명한 '파시즘 미학'의 한 극단을 구현한다. 인내, 집단의 매스^{mass}화, 사물의 증대와 복제……. 좌우대칭의 완벽한 조화가 주는 정연함과 웅장함, 줄지어 선 묘비들이 소실점으로 내닫는 깊이감은 미학적 숭고함을 이념이나 종교의 차원, 요컨대 어떤 정신으로 고양시킨다.

그 위에 '잊지 않겠다'는 정신의 목적어가 선다. 애국애족, 호국보훈, 자유민주주의……. 국립묘지의 영들은 그렇게, 전역^{轉役} 없이 복역한다. 국립서울현충원의 현충탑 오석 평판 제단에 새겨진, 노산 이은상이 짓고 박정희 전 대통령이 쓴 헌시(여기는 민족의 얼이 서린 곳 / 조국과 함께 영원히 가는 이들 / 해와 달이 이 언덕을 보호하리라)가 염원하듯, 해와 달이 '이 언덕'을 보호하는 한.

국립묘지는 한 국가와 민족(혹은 국민)이 탄생하고 변천해 오는 동안 겪은 가장 상징적이고 격렬한 시간들이 응축된 공간이다. 또 국가나 민족이 지탱해 온 이념이나 철학 혹은 가치들이 가장 간결하고 결연하게 전시된 곳이기도 하다. 그러므로 국립묘지는 국회의사당이나 대법원, 국가 최고지도자의 공관이 누릴 수 없는, 거의 절대적인 권위와 위엄으로 우뚝하다. 모든 국가 공직자들이, 심지어 억울한 이념적 혐의에 시달려 온 야당 대표들조차 취임 직후 불문율처럼 국립묘지를 찾아 분향한다. 그때의 국립묘지는 대한민국의 추상적 정수, 혹은 헌법적 정체政體의 상징적 공간이자, 공복公僕이 권력을 위임 받는 신탁의 신전이 된다.

줄곧 '국가', '민족'이라고 썼지만 '국립묘지'의 가치에 대한 각성은 근대 국가 이전, 멀리 신화의 시절서부터 이어져 왔다. 투키디데스의 『펠로폰네소스 전쟁사』에서 가장 유명하고 또 많이 인용되는 '페리클레스의 장례식 조사弔辭'의 한 구절이다.

이분들은 공익을 위하여 목숨을 바치고 그 대가로 자신들을 위해 불멸의 명성과 가장 영광스러운 무덤을 받았습니다. 이분들의 유골이 안치될 무덤이 아니라, 그럴 기회가 날 때마다 말과 행동으로 영원히 추모되기 위해 이분들의 명성이 자리잡고 있는 무덤 말입니다. 온 세상이 탁월한 사람들의 무덤입니다. 고향 땅에 세운 비문만이 이분들에 관해 증언하는 것이 아니라 외국 땅에서도 이분들에 대한 기억은 기념비가 아니라 사람들 마음속에 살아 있기 때문입니다.

'온 세상이 탁월한 사람들의 무덤'이라는 말은, '유골이 안치될 무덤'이 지닌 불멸의 명성과 영광은 공간의 경계에 구애 받지 않는다는, 다시 말해 '무덤=명성, 영광'이라는 의미다. 페리클레스는 그 정신의 확산 비용, 즉 장례식 비용과 자녀들의 양육 비용을 국가가 책임질 것이라는 약속으로 연설을 맺는다.

국립묘지의 풍경은 시대에 따라 달라지곤 한다. 2006년 '국립묘지 설치 및 운영에 관한 법률(국립묘지법)'이 시행되면서 묘판의 구획과 면적 차등이 완화됐다. 종전 법령은 국가원수와 장군, 장교, 사병의 묘역을 구분토록 했고 묘판 면적 역시 대통령 80평, 장군 묘역 8평 등으로 엄격한 우열의 질서에 따르도록 했다. 그것이 장군 옆에 이등병이 나란히 한 평 공간을 차지하도록 바뀐 것이다. 하지만 아직 완벽하게 평등한 공간은 아닌 것이, 지금도 국가원수는 80평이고, 3부 요인과 국무회의 의결 등을 통해 승인된 시신 매장자의 경우 8평을 얻는다. 또 이미 조성된 묘판은 종전 법령을 따른다는 적용례에 따라 장군용 묘판은 아직 약 280기(총 7백 기)가 남았고, 애국지사 묘판도 1백 기(총 3천 기) 정도 여유가 있다.(2011년 현재)

한국의 국립묘지는 모두 8곳으로 서울과 대전의 국립현충원과 3·15, 4·19, 5·18 민주묘지, 경북 영천과 전북 임실, 경기 이천의 호국원이 있다. 서울 현충원은 국빈 행사의 의전 및 경호 편의를 명분으로 국방부가 관할하고 있지만, 나머지는 관리 주체가 각각 국방부, 지방자치단체(민주묘지), 재향군인회(호국원)에서 국가보훈처로 일원화됐다. 동일한 국립묘지법에 의해 관리되면서 모두 '국립묘지'로 통칭되고 있는 저 8곳에 총 32만여 위(위패 포함)가 모셔져 있다.

2세기경 로마의 속국이던 카르타고의 신학자 테르툴리아누스 Tertullianus는 그의 참회록에 "너희에 의해 뿌려진 기독교인의 피는 우리를 번성하게 할 씨앗이 될 것"이라고 썼다. 미국의 3대 대통령인 토머스 제퍼슨은 1787년 어떤 편지에 "자유의 나무는 애국자의 희생과 독재자의 피로써 푸르러진다(The tree of liberty must be refreshed from time to time with the blood of patriots and tyrants)"라고 썼다. 한국의 청년들도 "민주주의는 피를 먹고 자란다"는 말을 구호나 다짐처럼 입에 달고 살던 시절이 있었다. 그리고 불행히도 우리는 그 말을 빛바랜 어록집에 넣어 버리기엔 아직 이른 시간을 보내고 있다. 저 유서 깊은 말의 내력을 보건대 어쩌면 저 비유는 시대에 따라 주어와 표현이야 조금씩 달라지겠지만 젊은 정신의 영원한 화두일지도 모른다.

그리고 지금, 저 말을 사이에 두고 화자와 청자로 만나 피로 맞섰던 이들이 국립묘지라는 불멸의 정신 공간 위에 나란히 누워 있다. 과거의 독재자와 독재 정권에 맞서 민주주의를 외치다 목숨을 빼앗긴 이들이다. 따라서 국립묘지를 통해 우리가 받드는 정신이 하나로 선명하고 결연하다 말하기는 힘들고, 오히려 억지스럽고 기형적인 공존이라고 하는 것이 더 적절할 것이다. 4·19 민주 묘역의 353위와 3·15 묘역의 33위 그리고 광주 망월동 5·18 묘역의 696위가 현충원 등 나머지 묘역의 널따란 묘판 아래 누운 어떤 이들과 결코 한마음이기는 힘들 터이기 때문이다.

국립묘지법은 묘역별로 안장 자격과 절차 및 결격 사유를 정하고 있다. 하지만 현행법상 내란 외환죄로 처벌받은 전두환, 노태우 두 전직 대통령의 국립묘지 안장도 가능하다. 또 법이 개정되더라도 유족이 신청해서 국가보훈처의 안장 대상 심의위원회가 승인하면 국립묘지에 안장할 수 있다. 심의위의 승인으로 전두환 전 대통령의 경호실장을 지낸 안현태 전 경호실장이 국립묘지에 묻힌 뒤 빚어진 사회적 논란처럼, 특정인의 국립묘지 안장 논란은 저 기형적인 동거 구조가 존속하는 한 반복될 것이다. 애국지사 묘역이나 국가유공자 묘역에 묻혀 있는 적지 않은 친일 인사들의 사례까지 확대하면 논란의 폭은 한층 넓어질 수밖에 없다. 어느 총선에서 당선한 한 야당 국회의원이 라디오 방송에 출연해 "현충원 참배식 권유는 부당한 강요가 될 수 있다"고 한 말을 두고 세상 한 켠에서는 "대한민국의 정통성과 정체성을 인정하는지 부인하는지" 답하라며 야멸차게 추궁한 일도 오늘의 국립묘지가 감당하고 있는 모순의 한 단면일 것이다.

종교적 자유의 갈망이든, 제국주의에 맞선 자결의 요구든, 독재에 항거한 민주주의의 추구든, 그것이 휴머니즘의 근본적 가치와 보편적 도덕 윤리 위에 서는 한 우리는 흔쾌히 동의한다. 다만 저 웅장한 개념어들을 누가 어떤 맥락에서 쓰는지에 따라 그 의미 역시 불편한 진폭으로 출렁이기 마련이라는 것도 우리는 뼈저리게 경험해 왔다.

정연한 질서 위에 광활한 저 푸른 언덕이 공동체의 마음 안에서 정신의 불멸성으로 조금의 유예도 없이 수용되려면 더 긴 세월, 어쩌면 더 많은 안타까운 피가 필요할지 모른다. 그래서 국립묘지는 우러러보기 두려워질 때도 있다.

처 마

아늑한 은신과
조망의 공간

구죽죽 비는 오시는 날
수타사 요사채 아랫목으로
젖은 발 말리러 갈까
들창 너머 먼 산이나 종일 보러 갈까
오늘도 어제도 그제도 비 오시는 날

- 김사인, 『가만히 좋아하는』 「장마」에서

"심심하면 / 그래도 심심하면 / 없는 작은 며느리라도 불러 민화투나 칠까 / 수타사 공양주한테, 네기럴 / 누룽지나 한 덩어리 얻어먹으러 갈까 / 긴 긴 장마"로 시는 닫히지만, 그렇게 닫힌 시의 문 앞을 떠나지 못하고 뭉그대게 하는, 미련 같은 여운이 저 시에는 있다.

쫓기듯 해야 할 일도, 딱히 하고 싶은 일도 없고, 그리 귀한 적 없었던 시간이니 지금처럼 빈 방에 누워 이리저리 하염없이 디굴거린들 아까울 것 없을 것 같은 그런 때. 그리고 종일 비가 온다. 어제도 그제도, 어쩌면 내일도.

지금 '나'는 팔자 좋은 옛사람들이 즐겼다는 '와유臥遊'라는 걸 하는 중이다. 요즘 방식으로 말하자면, 네이버 신어 사전에도 등재된 '방콕(방에 콕 틀어박혀 나오지 않음)'을 하는 거다. 이런저런 사정으로 산천 유람을 떠나지 못한 한량이 벽에 걸린 산수화를 바라보며 가상으로 즐기는 유람. 그는 그림을 매개로 추억이나 상상의 공간을 떠돈다. 시에서 게으름의 미학이나 적극적 태만의 미덕을 찾는 이들도 있을 듯하다.

그런데 '~ㄹ까'의 의문형 종결 어미를 저렇게 반복하는 것, 그리고 충동적 기운을 흩었다가 모았다가 하다가 부지불식 중에 툭 불거져 나온 듯한 욕 '네기럴'은 뭘까? 어쩌면 그는 채워지지 않는 어떤 동경에 몸달아 있는지 모른다. 게으름에 흔연히 투신하지 못한 채 안절부절 조급해하고 있는 거다. 공양간 누룽지나 아랫목의 온기, 들창 너머로 보이는 먼 산의 풍경 속을 와유하는 것만으로는 채울 수 없는 그 무엇. 부러운 한량의 한없이 느린 시간을 뒤흔들어, 저 묘한 여운의 시를 짓게 하고, 또 읽는 이의 마음까지 사로잡아 곁을 서성이게 한 그 무엇은 무엇일까. 『피로사회』라는 책의 저자가 주장하듯 성취에 몸단 이 사회의 성과 주체들처럼 쉬는 방법, 무위의 가치를 잃어버렸기 때문일까? 그래서 저리 마음을 가만히 놓지 못하고 꼼지락거리는 것일까? 아니면 꼼지락거림의 이면에 어떤 공간에 대한 그리움이 있는 것은 아

처마 지붕은 한 공간이 세상과 수줍게 교감하는 진지 같은 곳이다. 처마가 드리운 그늘은 열린 공간 속 아늑한 은신의 처소가 된다. 비라도 오면 처마 골을 타고 떨어지는 비의 주렴까지 눈앞에 펼쳐진다.

닐까? 지긋지긋한 비의 주렴을 뚫고 발 적시는 수고를 감내하고라도 도달하고 싶은, 시인의 고향 근처에 실재한다는 절(수타사)이 아닌 관념 속 동경의 공간에 대한 그리움이.

시에서처럼 어제도 그제도 지금도 비는 '구죽죽' 내리고 있고, 하여 저 시에 마음 빼앗긴 이의 어떤 공간에 대한 갈증이 시의 그리움 위에 가만히 포개지는 건지도 모른다. 빗물이 주렴처럼 가지런하게 펼쳐지는 함석 처마 밑, 조망의 시야는 충분히 열려 있지만 세상의 시선으로부터 나를 숨길 만큼은 적당히 닫혀 있고, 낡은 소파라도 하나쯤 놓여 있다면 멍하니 앉아 책장이라도 넘기다가 또 지루해지면 가만히 누워 봐도 좋을 그런 자리. 아늑한 은신과 조망의 자리.

토목학자인 나카무라 요시오는 『풍경학 입문』이라는 책에서 영국의 애플턴이라는 학자의 말을 인용하며, 자신의 시야를 확보하면서 타인의 시선으로부터 몸을 지키려는 이 조망과 은신의 욕망이 동물로서의 인간에게 내재된 원형적 생존 욕구와 무관하지 않다고 설명한다. 손도끼를 들고 먹잇감과 포식자를 상대하던 태초의 인간이 지녔을 생존의 절박한 몸가짐이 긴 진화의 시간에도 아직 남아, 우리의 본능적 취향과 집단의식 속에, 그리고 일상의 공간 속에, 기억의 화석처럼 남아 있다는 것이다.

은신의 상징적 공간으로는 동굴이나 지하실, 다락방, 골방 등을 들수 있다. 대표적 조망 공간에는 산마루나 고층 건물의 스카이라운지, 호숫가 전망대가 있다. 전자가 대부분 어둡고 구석진 자리라면 후자는 활짝 열려 밝고 투명한 장소들이다. 애플턴의 주장에 근거한다면, 인간의 본능이 갈망하는 공간은 저 두 극단의 욕망을 적절하게 조화할 수 있는 어떤 곳이지 않을까. 처마를 이고 앉은 그늘 깊은 자리 같은 공간.

저 시의 화자가 종일 먼 산을 바라보려던 들창 위에도 비를 가리거나 갠 하늘의 햇살을 막아 줄, 그래서 비 맞을 일도 없고 그늘 속에 숨을 수도 있게 해주는 넉넉한 처마가 얹혀 있었을 것이다. 유리로 외벽을 두른 빌딩이나 수사 기관의 취조실처럼 안에서는 바깥을 볼 수는 있지만 바깥에서는 안을 들여다볼 수 없게 한 시설들도 있지만, 그런 벽이나 창이 처마가 만들어 내는 은신과 조망의 '자리'를 대신할 수는 없다. 바람도 향기도 소리도 차단된 공간 안에서의 은신과 조망은, 3D 영화가 제공하는 가상 현실의 그것과 다르지 않을 것이다.

한국정신문화연구원(현 한국학중앙연구원)이 펴낸『한국민족문화대백과사전』을 보면 처마는 설치 기법과 형태, 얹힌 위치와 기능 등에 따라 다양하게 나뉜다. 지붕에서 곧장 이어 늘인 형태가 대부분이지만, 마당 한 켠이나 툇마루 위를 살짝 가릴 목적으로 지붕과 별도로 얹은 것도 있고, 창문 위만 가린 처마도 있다. 하지만 모두 빗물로부터 창이나 외벽을 보호하고 햇빛을 가려 주는 기능적 장치라는 점에서는 같다. 처마는 해가 낮게 떴다 금세 지는 겨울 햇살을 넉넉히 받아들여 그 열기를 바깥으로 빠져 나가지 못하게 붙들어 주는 기능도 한다. 은신과 조망의 기능은 그러니까, 백과사전이 설명하지 못한 처마의 숨은 기능, 건축학이 미처 생각하지 못한 감성적·인간적 기능인 셈이다.

가령 서울 중구 명동 한복판의 한 오래된 커피숍 옥상 테라스에서 마주친 아담한 처마는 유명 프랜차이즈 커피숍들이 야외 데크에 세워 둔 기계식 차양은 결코 줄 수 없는 은일(隱逸)의 휴식, 『풍경학 입문』의 필자가 즐겨 쓰는 표현을 써 본다면 '관능적 안식'을 선사한다. 단위 면적당 부동산 비용이 국내 최고라는 금싸라기 공간 명동에 소박하게나마 뜰이 있고, 적어도 10년은 됐음 직한 담쟁이넝쿨도 시선 한 귀퉁이에 담긴다. 뜰의 담장과 처마의 끝선으로 트리밍된 도심 빌딩의 풍경은, 물론 깊은 산사 요사채의 풍경에 대진 못하겠지만 그만하면 며칠 깃들여 살아보고 싶은, 아니 하룻밤만이라도 그 품에 안겨 번다한 도심의 쓸쓸한 풍경을 조망하고 싶은 욕망을 충동질한다. 안기고 싶은, 그래서 관능적인.

명동의 낮과 밤은 극명하게 다르다. 인파에 치여 제대로 걷기조차 힘들 정도의 낮과 달리 밤이 이슥해지면 인적조차 끊기는 곳이 명동이다. 그런 점에서 명동은 서울의 다른 유흥·소비 공간이나 떠들썩한 대학가 주변과도 다르다.

쇼윈도 불빛과 조명이 꺼지면, 오래된 명동의 골목들은 한낮의 소음과 보행 체증이 신기루처럼 사라져 순식간에 적막하고 을씨년스러운 공간으로 돌변한다. 그 대비는 높은 빌딩에서 명동 건물들의 정수리를 조감할 때 펼쳐지는 안쓰러운 쇠락의 풍경처럼 너무 극적이어서 낯설다. 종이컵이나 비닐봉지, 찢긴 쇼핑백 따위들이 상가들이 내놓은 하루치의 쓰레기 더미들과 함께 나뒹굴 때, 명동의 오래된 골목들은 화장 지운 얼굴로 새벽 청소차가 올 때까지 곤한 잠에 빠져든다. 거기에 사람이, 체온이 깃들일 자리는 없다. 요컨대 명동은 보여 주는 공간, 잠깐씩 스쳐가도록 진화해 온 공간이다.

그러니까 그 한복판에서 경험하는 머묾의 충동은 저 오래된 처마의 유혹과 깊은 관련이 있을 것이다. '긴 긴 장마'에 갇힌들 어떠랴, 하는 마음. 아니 어쩌면 비의 주렴이 있어 저 처마 아래 공간은 더 탐스러워 보이는지 모른다. 시인이 '네기럴' 하면서 입 다시던 공간이 아마도 그와 같은 곳이었으리라 나는 짐작한다.

> 봄날의 좋은 별과
> 환호하던 잎들과
> 묵묵히 둘러앉던 저녁 밥상의 순한 이마들은
> 어느 처마 밑에서 울고 있는가
>
> — 김사인, 『가만히 좋아하는』 「빈 방」에서

김사인의 시 「빈 방」의 처마는, 오래전 두고 온(혹은 떠나간) 그리운 이들이 머무는 공간이다. 시인은 거처 없이 떠도는 저 '순한 이마'들을 처마 밑 자리로 모은다. 안으로 닫혀 있어 박한 공간이지만, 그래도 비는 가려 주기 때문일까. 저 처마는 분명 옹색한 가난의 거처지만, 기댈 데 없는 가난이 깃들일 수 있는 마지막 은신의 거처이기도 할 것이다. 지금 시인은 저문 밤 빈 방에서 싸한 추억에 젖어 홀로 술잔을 기울이고 있다. "자, 한 잔 / 눈물겨운 것이 어디 술뿐일까만 / 그래도 한 잔" 그리곤 "아슬한 가지 끝에 / 늙은 까마귀같이" 눕는다. 그런 이들의 머리맡 창문 위에도 자그마한 처마 하나씩은 드리워져 있기를.

수 술 실

다기한 가치들이 대치하는
멸균의 통제 공간

배워 아는 세상이 겪어야 할 세상과 별로 다르지 않으리라 생각하는
젊은 인턴 의사에게 관록의 한 외과 의사가 묻는다.

> "수술을 잘 하려면 뭐가 가장 중요할 것 같은가?"
> "기술? 경험? 시설과 장비?"
> "집도의의 상상력이야. 똑같은 몸도, 같은 병도 없거든."
> — 일본 만화가 샤토 슈호의 의학 만화 『헬로우 블랙잭』에서

혈관이나 장기들이 해부학 교과서의 그림처럼 가지런하지도 않고,
수술 전 검사 결과와 배를 연 뒤 보게 되는 병의 양상이 다를 때가 있

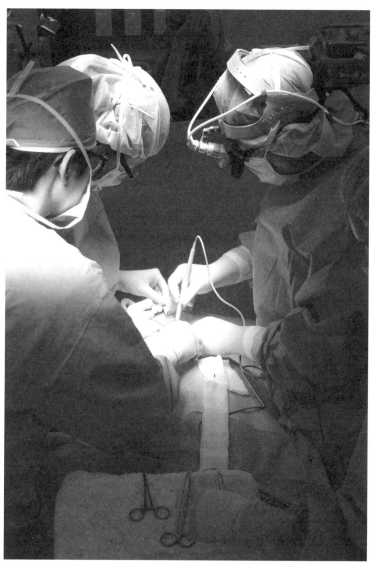

수술실, 특히 환자와 의료진이 밀집한 수술 필드는 어떤 변수나 간섭으로부터도 철저히 자유로워야 하는 성역이다. 하지만 다기한 가치들이 치열하게 맞서는 현장이라는 점에서는 일상의 공간과 다르지 않다.

다는 것. 그런 온갖 변수들을 상상해서 어떤 경우에도 당황하거나 머뭇거리지 않도록 미리 대비해야 한다는 의미다. 그 상상력은 경험을 통해 대개는 자연스럽게 축적되겠지만, 노년의 의사가 젊은 인턴에게 저 말을 해주는 까닭은 실은 다른 데 있다. 큰 병원이 최고가 아니고, 최신의 첨단 의료장비 경쟁이 전부가 아니라는 것이다. 더 중요한 것은 의사로서의 사명감, 생명에 대한 직접적이고 전면적인 책임감이라는 것이다. 그리고 막중한 책임의 공간인 수술실은 모든 부정적 가능성들이 최대한 배제된 통제 공간이어야 한다는 의미이기도 할 것이다.

몸이 열리는 순간, 환자의 장기는 고유의 작동을 시작한 이래 아마도 처음 외부의 위협적인 환경과 대면하게 된다. 경험해 보지 못한 온·습도와 미심쩍은 공기와 조도. 그 눈부신 빛줄기를 따라 찌를 듯 달려드는 낯선 시선들과 섬뜩한 기구들……. 제 주인(환자)은 온 존재를 집도의의 판단과 처분에 내맡긴 채 의식도 감각도 없는 수동적 존재로 누워 있다.

수술실은 특별하고 예외적인 공간이지만, 어느 누구도 생애 내내 비껴갈 수 있으리라 장담할 수 없는, 두려운 공간이다. 환자 입장에서는 질병의 종류와 상태에 따라 최대한 피하고 싶은 공간일 수도 있고 한없이 갈망하는 공간일 수도 있다.

서울 도심의 한 종합병원에서 만난 수술실 근무 경력 18년의 간호사는 수술의 행정적 절차를 설명하며 "우선 환자가 침대를 타고 내려오면……"이라고 말문을 열었다. '침대를 탄다'라는 생경한 표현이 그에게 그 공간이 지닌 일상성의 진술처럼 느껴졌다.

"대기실에서 먼저 신원과 수술 부위를 확인하죠. 해당 수술에 필요한 기구와 장비 세팅이 끝나면 수술실로 이동해요. 수술실에서 마취에 앞서 환자의 신원을 다시 한 번 확인합니다. 그러고 나면……."

수술대 머리맡에는 마취와 동시에 심박수와 혈압, 호흡, 산소포화도 등을 모니터링하며 환자의 상태를 점검할 수 있는 기계가 놓여 있다. 머뭇거림 없이 수술이 진행될 수 있도록 각종 도구들을 배열해 둔 '메이요Mayo 스탠드'와 도구 테이블이 있고, 천장에는 대형 가마솥 뚜껑만 한 무영등無影燈 두 개가 매달려, 의사가 그림자나 눈부심 없이 시신경 피로를 덜 느끼며 수술 부위를 장악할 수 있게 해준다. 거즈, 라텍스 장갑과 봉합사 등 온갖 소모품들, 부위별 용도에 따라 모양과 크기가 다른 칼날 세트들도 각양각색의 잿빛 스테인리스 도구들과 함께 진열대 위나 진열장 안에 정연하게 갖춰져 있다. 장기의 절제와 봉합을 동시에 수행해 출혈과 수술 시간을 단축하게 해준다는 자동봉합기 등 고가의 정밀 장비들도 순백의 코팅 에나멜로 외피를 치장한 채 신비로운 존재감을 드러내고 있다. 수술실은 미지의 날카로운 것들이 지니는 전문성과 위엄의 기율로 무표정했다.

그 공간은 감염의 위험으로부터 환자와 의료진을 보호하기 위해 바닥, 벽, 천장서부터 모든 도구와 장비, 의료진의 복장과 청결도, 공기까지 철저히 통제된(적어도 이론적으로는) 멸균의 공간이다. 가령 바닥과 벽은 이음매 없이 이어지는 단일 표면이어야 하고, 균열이 없어야 한다. 틈새에 세균이 서식할 수 있는 타일 대신 솔기 없는 비닐이 선호되며 천장의 이동 기구들도 수술대와 멀찍이 떼어 놓아 먼지가 범접하지 못하게 해야 한다. 감염 통제에서 가장 중요한 것은 의료진의 손이다. 세척, 소독한 손에 장갑을 착용한 뒤부터는 손의 동선이 멸균(무균)

영역을 벗어나면 안 된다. 손은 앞뒤 좌우뿐 아니라 높이 이동의 제약도 받는데, 통상 허리 아래로는 손을 내려서는 안 되며, 팔짱을 낄 수도 없다. 『수술실 감염관리』라는 책에 따르면, "수술장에서는 말을 되도록 적게 해야 한다. 그래야 분비물의 확산을 막을 수 있다. 무균 영역 주위 움직임과 공기 흐름은 오염을 막기 위해 최소화시킨다". 물론, 이론적으로는 그렇다는 말이다.

대개의 병원은 탈색된 무채색의 공간이다. 우선 병원 안팎의 벽과 의료진의 하얀 가운이 그렇다. 흰색은 순수와 순결의 권위를 상징하는 색이다. 하지만 수술복은 푸르거나 풀빛에 가까운 초록색이다. 수술 부위의 강렬한 핏기에 맞서 잔상 효과를 줄이고 시각 피로를 덜어주는 색이기 때문이라고 한다. 머리부터 발끝까지 피부 노출을 최소화한 초록의 수술팀은 그 신생의 빛깔로 생명의 붉은 기를 훼손하는 환부에 맞선다. 예닐곱 평 수술실의 한가운데, 한 평도 안 되는 그 컬러풀한 대치의 공간이 '수술 필드(장)'다. 그 안에서 최소 두세 명의 집도의와 도구 담당 간호사, 소독 간호사가 환자를 호위하듯 에워싼다. 필드 바깥을 오가며 보조 역할을 담당하는 순환 간호사와 모니터를 통해 환자 상태를 점검하는 마취 간호사가 대개 팀을 이룬다.

수술은 일반적으로 메스를 쓰는 의료 행위로 이해되지만, 사전적으로 보자면 말 그대로 기구의 사용 여부를 떠나 '손을 쓰는 기술' 전부를 의미한다. 쿤트 헤거가 쓴 『삽화로 보는 수술의 역사』라는 책에는 16세기 프랑스 외과의사 앙브루아즈 파레Ambroise Paré가 규정한 수술의 다섯 가지 직무가 소개돼 있다. "비정상적인 것 제거하기, 탈구된 것 복원하기, 뭉쳐 자란 것 분리하기, 분리한 것 통합하기, 자연의 실

수 바로잡기"가 그것이다. 그 정의에 따라 저자는 "수술의 역사는 인류의 역사만큼 유구하다"며 최초의 수술은 나뭇잎이나 거미집으로 상처 부위를 싸매는 것과 같은 원시적 외상 치료였을 것으로 추정한다. 고대의 전투에서는 병사들에게 거미집을 담은 상자를 휴대품으로 지급했고, 이집트인들은 날고기를, 아메리카 인디언들은 독수리 새끼의 깃털과 모래를, 일부 지역에서는 동물의 배설물을 외상 치료에 썼다고 한다. 봉합술의 역사도 그만큼 긴데, 인도와 남미의 여러 부족은 벌어진 상처의 가장자리에 흰개미와 딱정벌레의 입을 갖다 대 벌레가 살을 무는 순간 곤충의 목을 비틀어 죽임으로써, 곤충 입이 죔쇠 역할을 하게 했다고 한다. 이 도구는 지금도 스테인리스나 은으로 제작돼 활용된다.

　인류에게 질병은 오랫동안 반자연의 일로 여겨졌다. 그것은 악령의 소행이거나 하늘의 형벌 같은 것이었다. 악령을 쫓고, 신의 노여움을 푸는 과정을 주도한 것은 고대의 주술사였고, 의술은 대개 주술의 영역과 나란히 발전했다. 고대 잉카인들의 개공술(두개골 구멍 뚫기)도 머릿속에 깃든 악령을 쫓기 위한 시술이었고, 고대 멕시코에서 날카로운 흑요석으로 19세기 유럽의 수술과 맞먹는 정교한 외과 시술을 해낸 이들도 아즈텍의 주술사였다고 한다. 물론 그들이 염두에 둔 것은 인간의 생명이나 의사의 사명이 아니라 산 사람의 피와 심장을 바쳐 신을 숭배하기 위해서였다. 종교적 의술의 관념, 즉 병은 천벌이고 병의 치료는 하나님의 의지에 달린 문제라는 인식은 종교의 힘이 막강했던 중세 말기까지 이어지며 독자적이고 합리적인 의학의 발전을 견제하고 저해했다. 하지만 십자가와 (주술사 같은) 성직자의 치유력에 몸을 맡기는 환자가 지금도 전혀 없지는 않은 것을 보면, 오늘의 '의료 서비스'는 수천, 수만 년의 수준 편차를 두고 행해지고 있다고 해야 할 것이다.

복도를 따라 강의실처럼 배치된 10여 개의 수술실은 빈 방이 없었고, 안팎을 오가는 수술복 차림의 의료진들 역시 분주했다. 하지만 수술실 내부 풍경에서는 드라마에서 보던 긴박감보다는 일상의 심상한 움직임들이 주는 아늑함이 느껴졌다. 마스크와 캡 사이로 보이는 스태프들의 시선에서도 긴장의 머뭇거림이 아니라 제 손놀림을 전적으로 신뢰하는 이들이 지니는 안정감이 엿보였다. 저 만화 속 외과의의 말은 조금은 젠체하는 과장인지 모른다. 물론 크고 다급한 수술의 풍경은 다를 것이다.

하지만 10m 남짓 떨어진 자리, 회복실 출구 뒤에는 보호자들의 간절한 기도가 있다. 그들에게 짧게는 1시간, 길게는 한나절 넘게도 걸리는 수술 시간이 피 받는 고통의 시간이다. 그들에게 집도의는 고대의 제사장이나 주술사처럼 신을 대리해 생사를 쥐고 흔들 수 있는 권력자다. 수술 결과에 따라 그들에게 의사는 생명의 은인도 되고, 극단적으로는 살인자가 되기도 한다.

의사는 질병을 고치고 생명을 구하는 사람이다. 치유자 아폴론을 비롯한 여러 난해한 신들의 이름이 나열된 뒤 "~들께 맹세하노니"로 시작해서 "나는 내 능력과 판단력이 닿는 데까지 최선을 다해 이 선서를 지키리라"로 이어지는 기원전 히포크라테스의 선서는 지금도 의료(인) 윤리의 초석으로 굳건하다. "나는 순수함과 경건함 속에서 삶을 이끌고 기술을 발휘하리라. (……) 모든 악행이나 부패를 그리고 남녀를 막론하고 모든 유혹을 멀리하리라."

다시 말해 의사에게는 진료 기술이, 의료 여건이, 상상력이 매개 없이 윤리가 된다. 3분 진료, 2분 진료라는 참담한 의료 현실은 그 자체로 히포크라테스 정신의 훼손이다. 하지만 진실은 다양하고 그 진실들을 품고 사는 저마다의 가치관은 더 다기하다. 저마다 소중한 가치들이 저들끼리 맞서기도 한다. 그리고 자유주의 철학자 이사야 벌린Isaiah Berlin의 말처럼, 인류는 아직 근원적인 가치들의 모순적 대치를 해소해 줄 명쾌한 기준을 마련하지 못했다.

그리고 의사는, 당위적으로 보자면, 환자의 건강과 생명을 최고선으로 여겨야 한다는 직업윤리와 의료 자율권에 끊임없이 개입하는 국가(보건당국) 및 의료 자본과 갈등하고, 생활인으로서 응당 지녀야 할 책임 사이에서 동요하는 '슈바이츠 콤플렉스'의 존재들이다. 하지만 대치하는 그 가치들 중 손쉬운 어느 하나와 편하게 타협하는 이들도 물론 있을 것이다.

셰익스피어의 희곡 『아테네의 티몬』에서 티몬은 "의사를 믿지 마라. 의사들이 주는 항생제는 독약이고 사람을 죽인다"고 했다. 데이비드 우튼의 저서 『의학의 진실』에는 17세기 영국의 약초학자 니컬러스 컬페퍼Nicholas Culpeper의 이런 말도 인용돼 있다. "그들(의사)에게 가서 가난한 사람의 집에, 치료 비용을 줄 수 없는 사람들의 집에 가자고 하면 그들은 가려 하지 않을 것이고, 그리스도가 사망에 이른 목적인 가난한 생명은 돈이 없는 죄로 생명을 잃게 될 것이다."

2000년 의약분업을 둘러싼 갈등으로 한국 의료 역사상 처음으로 단행된 의사 파업에 대해 당시 시민단체와 언론은 '생명을 볼모로 한 밥

그릇 챙기기'로 그 싸움을 규정했다. 그 이면에는 의사들이 사회가 용인해 준 것보다 많은 보상을 누리면서도 저열한 장삿속으로만 환자를 대하고 있다는 불만이 있었을 것이다. 시민들의 진실 너머에서 의사들은 그들의 진실, 곧 시민의 건강권을 강화하고 안정적으로 보장하기 위한 불가피한 선택으로 그들의 파업을 정당화했다. 당시 의사협회가 주최한 한 심포지엄에서 어떤 발표자는 "사회가 의료인에게 보통 사람과 너무 다른, 높은 수준의 윤리를 요구하지 않기를 간절히 호소한다"고 말했다.

정부 정책에 대한 의사들의 반발은 이어져 왔다. 최근에만 해도 2012년 '포괄수가제' 전면 시행을 둘러싸고 정부와 의료계는 심한 홍역을 치렀고, 2014년 정부의 '의료 선진화 방안'을 둘러싸고도 치열한 대치 국면을 맞았다. 치명적으로 현실화한 적은 없지만, 시민들은 이제 현안이 불거질 때마다 언급되는 '의사 전면 파업'이나 '의료 대란'이라는 용어와 익숙해졌다. 그리고 생과 사가 은유가 아니라 현실에서 마주 서는 그 멸균의 공간도 개별(집단) 주체들이 감당해야 할 다양한 가치의 대치 앞에서 언제든 닫힐 수 있다는 가능성을 '볼모'인 시민들은 절감하게 됐다.

좋든 싫든, 옳든 그르든, 세상이 당위의 동력만으로 굴러간 때는 없었다. 거기에 대고 명분의 구호만 외쳐 대는 것은 위선이거나 무책임이다. 앞서 언급한 만화에서 늙은 의사가 말한 상상력은 수술대를 마주한 의사뿐 아니라 국가와 자본, 보다 근원적으로는 이 사회의 주인이라는 시민 모두에게 요구되는 덕목일 것이다.

구 치 소 접 견 실

두려움과 온기가
교차하는 자리

감옥에 갇힌 이들이 가진 거라곤 시간뿐이고 그 시간을 죽이는 게 일
이라는 통념에 대해 추리 작가 존 하트John Hart는 거꾸로 '시간이 사람
을 죽이는 곳이 감옥'이라고 했다. 상반된 저 두 견해는 하나의 진실이
지닌 두 개의 얼굴일 것이다. 그 얼굴은 셋이 될 수도 있고, 더 많을지
도 모른다. 성향이나 변덕에 따라 어떤 하나가 더 그럴싸해 보일 수 있
고, 저녁의 생각이 아침과 또 다를 수도 있을 것이다.

한 가지 분명한 사실은 수인囚人과 시간의 특별한 관계다. 1인당 0.87평
의 감옥은 육체와 함께 감각을 가둔다. 갇힌 감각은 경험과 기억을 통해
구속에 저항하지만 그 역시 시간 속에서 육체와 함께 무뎌지기 마련이
다. 하지만 시간은 다르다. 시간 감각은 자신이나 수감 동료의 재판 기일

이나 남은 형기, 또 가족의 생일 같은 숫자와의 거리감으로 또렷해진다. 그렇게 감각이 비워진 자리만큼 시간 감각은 제 몸집을 키워 들어앉는다. 그럼으로써 수인과 시간은 서로를 의식하며 죽고 죽이는, 직접적이고 전면적인 관계로 마주 선다.

그러므로 저 두 견해의 차이는, 하나마나 한 말일 테지만 관점의 차이이다. 그리고 그 차이는 화자話者가 수인이냐 아니냐에 따라 결정적으로 갈린다. 바깥에서 볼 때 그들은 시간을 죽이고 있는 듯 여겨지지만, 갇힌 자는 창살과 콘크리트 벽 안에서 시간에 의해 서서히 죽어가고 있다고 생각할지 모른다. 그 죽음과 죽임의 과정은 물론 생물학적인 죽음(죽임)이 아닌 인격적 죽음, 사회적 죽음이다. 감옥을 지배하는 시간이라는 살인자는 대상을 모든 인연들로부터 서서히, 집요하게, 배제해 나간다. 갇힌 이들은 자신이 점차 잊혀 간다는 사실, 죽어간다는 사실을 조금씩 뜸해지는 면회나 편지의 횟수를 통해 실감한다. 아니 어쩌면 그는 처음부터 그렇게 되리라 짐작했을 것이다. 오늘과 내일이 다르리라는 그 짐작을 하루하루 현실로 실감하면서 또 다가올 내일을 두려워하는 것이다. 그러므로 감옥은, 하트의 말처럼 절망의 공간이 아니라 두려움의 공간이라 해야 한다. 완벽한 절망 안에서는 두려움도 싹틀 수 없기 때문이다.

두려움은 형이 확정된 이들의 거처인 교도소보다 미결수들이 머무는 구치소에서 더 난폭하게 날뛰기 마련이다. 그들은 유무죄의 기로에 서 있고, 공포는 맞닥뜨리는 순간보다 예감될 때가 더한 법이니까. 구치소 접견실(면회실)은 미결수의 두려움이 세상 밖으로 스며 나오는 창구다. 자신의 결백을 강변하거나 선처를 호소해야 하는 법원이나 검찰 조사실에서 그들의 두려움은 대개 분노나 갑갑함이나 선량한 자성의 가면 뒤에 감춰지곤 한다.

"뭔 놈의 날이 이리 쪄 대는지……." 서울 남부구치소 앞 버스 정류장에서 만난 한 70대 여인은 아들을 면회하고 가는 길이라고 했다. "지들 쪄 죽을까 봐 그런지 오늘은 면회 오는 놈들도 없네." 살짝 굽은 허리를 펴며 내뱉은 그의 거친 말은 찌는 더위가 아니라 길동무 하나 없는 쓸쓸한 면회 길을 겨냥한 것이었다. 그는 아들의 두려움에서 갇힌 이들 모두의 두려움을 봤을지 모른다. 상처에 대한 감수성은, 요컨대 공감의 능력은 상황에 의해 훈련되기도 한다.

오후 6시, 마지막 면회객들이 떠난 구치소 접견실은 방학을 맞은 학교 풍경 같다. 텅 빈 복도를 따라 1~15번의 문패를 달고 가지런히 도열한 텅 빈 방들. 반 평도 채 안 되는 공간 안에 의자가 있고, 그 의자에 앉으면 가슴서부터 천장까지 이중 강화유리 벽으로 막힌 공간을 마주 보게 된다. 유리 벽 너머에는 쇠창살이 있다. 면회자와 수감자의 공간은 철창을 중심으로 거울상처럼 마주 본다. 김기덕의 영화 「숨」에서와 같이 수감자가 입김으로 뿌옇게 된 접견실 칸막이 창에 자신의 마른 입술을 갖다 대거나 작은 구멍들 사이로 면회자의 머리카락 한 올을 뽑아 간직하는 것은 10여 년 전에나 가능했을 풍경이다. 유리 벽은 수족관처럼 물샐 틈 없이 밀폐돼 두 공간을 차단한다. 입김과 입김을 통해 전이되던 몸의 온기는 한 뼘가량의 유리 벽 공간 너머로 나아가지 못하고, 대화는 육성이 아니라 마이크 일체형 스피커를 통해 전달된다. 면회 시간이 끝난 뒤에도 맞붙어 있으려는 이들을 끌어내곤 하던 교도관들의 수고도 필요 없어졌다. 마이크 스위치만 톡 내리면 되

서울 남부구치소 접견실은 서대문형무소 접견실(사진) 면적의 절반 수준이다. 창살로 나뉜 두 공간은 두툼한 유리 벽으로 이중 밀폐돼 있고, 구멍 숭숭 뚫린 대화구(對話口)도 사라졌다. 입회 교도관은 없지만 보안은 더 삼엄해졌고, 접견 풍경도 삭막해졌다.

기 때문이다. CCTV로 영상 계호를 하게 되면서 입회 교도관도 없다. 교정 본부 홈페이지에 접속해 언제든 수감자에게 인터넷 서신을 보낼 수도 있고, 전국 구치소 어디서든 신청만 하면 화상畵像 접견도 가능해 졌다. 그렇게 편해졌다. 그럼으로써 영화들이 전하던 예외적 온기도 식었다.

면회는 구치소 수감자에게는 하루 한 차례 허락된다. 기결수에게는 수감 태도 등에 따라 다소 유동적이지만 원칙적으로 월 5회까지 가능 하다. 하지만 수형 기간이 길어질수록 면회는 뜸해지기 마련이다. 그 래서 구치소보다 교도소의 면회 횟수가 적고, 형기가 긴 중범죄인들이 수감되는 지방 어느 교도소의 경우 하루 면회가 서너 건에 불과할 때 도 많다. 남부구치소에서는 하루 평균 5백여 건의 면회가 이뤄진다. 하 지만 사람이 바뀌고 사연은 달라져도 분위기는 늘 와자지껄 한결같다 고 한 교도관은 말했다. "수감자의 아내라는 사람이 셋이나 한날한시 에 면회를 왔다가 접견 대기실에서 서로 머리채 잡고 싸우는 것도 봤 어요. 피해자 가족과 가해자 가족이 집단으로 맞붙어 싸우는 일도 잦 고……, 온갖 별일이 다 있죠."

"○○○번 면회~"

면회 통보를 받은 수감자는 남녀 할 것 없이, 7~10분의 짧은 면회를 위해 최선의 준비를 한다. 세수를 하고, 화장실 거울 앞에서 제 안색을 살피고, 수형복 맵시나 헤어스타일을 다듬는다. 부모나 아내(남편)나 애인 마음을 더 아프게 할까 봐, 볼품없이 보일까 봐, 그래서 외면당 할까 봐, 잊힐까 봐. '난 잘 지내고 있으니 염려 마라, 그나저나 당신은, 집은, 식구들은……?' 변호사를 구해달라는 애원도, 더 나은 변호사를 알아보라는 호통도 있을 것이다. 하지만 저 모든 반응의 밑바닥에 두려움이 있다. 서울구치소의 '특별한' 독방에서 지내고 있을 '특별한' 이들의 특별면회소 안의 밀담도 그 점에선 별로 특별하지 않을 것이다.

수형자들이 감당하곤 하는 잊힘의 가장 극단적인 예는 유일한 면회자인 노모의 죽음이나 배우자의 변심 같은 경우다. "남자친구와 함께 남편 면회를 와서는 자신과 아이들에게 잘해 주는 사람이라며 소개하는 여자도 봤어요. 무슨 마음인지 몰라도 그건……." 경력 30년쯤 된다는 한 교도관은 그 순간과 이후 얼마간 수형자가 감당했던 잔인하고도 절절한 신파新派의 시간이 두고두고 잊히지 않는다고 했다.

외형으로 보자면 남부구치소(교도소)가 전형적인 수감 공간은 아니다. 철조망도, 위압적인 높이의 빨간 벽돌 담장도 없다. 아니 담장 자체가 안 보인다. 대신 잘 조경된 너른 뜰이 4차선 도로와 닿아 있다. 새뜻한 민원·행정동은 갓 지은 시립도서관쯤으로 보인다. 주변은 신도시풍 아파트 단지다. 주변 생활 환경과 공존할 수 있는 시설을 짓겠다는 조건으로 지역 주민들을 어렵사리 설득해서 터를 잡은 결과라고 했다. 수형동은 그 평화롭고 일상적인 풍경 너머, 철저한 보안 체계 속에 은폐돼 있다. 운동장은 콘크리트나 아스팔트가 아니라 맨 땅이고, 모두 남향이라 햇빛도 잘 들고, 냉난방 등 시설도 모두 새것이라고 했다. 구치소 관계자는 "이곳의 개선된 수감 환경이 교화에 긍정적인 효과를 보여, 다른 수감 시설들도 점차 인간적인 환경으로 바뀌기를 바라고 있다"고 말했다.

우리의 공간 상상력은 감옥을 상징의 도구로 즐겨 활용해 왔다. 그 상징 안에서 우리는 누구나, 또 언제나 수인囚人이다. 부모나 스승의 기대가 자신을 가두는 창살이 될 수도 있고, 생계와 일터가 감옥이 되기도 한다. 인간관계, 심지어 부부 관계조차 우리를 가두는 감옥일 때가 있고, 사적 자아와 괴리된 공적 자아의 윤리나 책무가 족쇄처럼 발목을 묶기도 한다. 상징적 수인인 우리는, 진짜 수인들과는 반대로, 스스로를 잊기 위해 시간과 싸워야 한다. 고삐 풀려 한없이 내닫는 감각과 욕망에 끌려가지 않기 위해 스스로를 제어해야 하고, 자의식을 최대한 억제하며 체제와 관계의 부속품처럼 자신을 부려야 한다. 그 가혹한 시간과의 싸움에서 절망적으로 '패배'한 이들, 예컨대 저 서울구치소의 특별 독방 거주자들처럼 제 욕심의 노예가 돼버린 이들, 또 남부구치소 0.87평에 갇힌 어떤 이들처럼 더는 물러설 데 없는 체제의 변방에서 딱 한 걸음 더 나아가 버린 이들은 상징의 너울을 벗고 진짜 감옥에 간다. 그럼으로써 시간과의 새로운 싸움을 시작한다. '○○○번 면회~'라는 호명의 순간만을 기다리면서.

그리고 그 순간, 우리 가운데 누군가는 면회자와 수감자의 공간을 나누는 접견실의 유리 벽이 실은 현실의 감옥과 상징의 감옥을 양분하는 데칼코마니의 접힌 선과 같은 것이었음을 때늦은 두려움과 함께 깨닫게 될지도 모른다.

지 하

죽음과 삶을
함께 보듬는 거처

습한 어둠 사이로 드러나는 어수선한 잿빛 공간. 천장을 받치는 굵은
철제 빔들이 군데군데 보이지만 역시 어둠 탓인지 전체적인 구조는
파악할 수 없고, 공간을 구획하는 벽들 역시 가설 무대의 일부처럼 허
술해 보인다. 그리고 추저분한 옷차림의 사람들. 경보 장치인지 표지
판인지 모를 불빛들을 따라 미로처럼 얼기설기 이어진 통로 위를 유
령처럼 오고 간다.

아마겟돈의 전쟁이나 재난을 겪은 뒤일까, 아니면 사이보그와 같은
미래 과학 문명 혹은 미지의 우주 침략자에 의해 지구를 정복당한 것
일까. 할리우드 SF 영화들에 세뇌된 탓인지, 어두운 상상력의 자연스
러운 귀결인지는 모르지만, 그곳이 미래 지구의 어느 지하 도시라는

지하 공간은 죽은 자의 오늘과 산 자의 미래 공간인 동시에 미래를 살아갈 자들이 깃들일 마지막 삶의
공간일지 모른다.

사실만은 짐작할 수 있다.

그런 공상 안에서 지하 공간은 생명의 마지막 피난처다. 지상에서 내쫓겨, 태양과 비와 바람의 조력 없이 오직 인간 스스로의 힘과 지혜로 마련한 배수진의 거처. 할리우드 영화 속 어떤 영웅이 등장하기 전에는 지상의 문명을 회복하기란 가망 없어 보인다. 대신 인류는 땅속을 집요하게 파헤치며, 마치 지상 문명의 거울상 같은 그럴싸한 지하 문명을 건설할지 모른다. 인공 태양처럼 획기적인 에너지원을 개발하고, 좀 더 넓고 아늑하고 쾌적한 공간들을 차지하기 위해, 또 서로를 차별화하기 위해, 노동하고 지배하고 어쩌면 선거도 치르게 될 것이다. 오존층 파괴를 걱정하듯 맨틀의 범람을 우려할 수도 있다. 어쨌건 지하는 우리의 인식처럼 죽은 자의 오늘과 산 자의 미래 공간인 동시에 미래를 살아갈 자들이 깃들일 마지막 삶의 공간일지 모른다.

지하 공간은 현실에서 그다지 반가운 공간은 아니다. 문명의 지구본, 풀어 말해 인류의 경제사회적 계급 계층의 분포를 함의한 입체 지도를 만든다면 지구는 원만한 구형球形이 아니라 자연의 먹이 피라미드들처럼 촉수를 돋운 별 모양의 박테리아 형상으로 나타날 것이다. 피라미드의 상층부일수록 경제적 지위가 높아지고, 주춧돌처럼 딛고 선 지하는 거의 늘 경제적 약자들의 공간이다.

구조적으로 지하층은 건축물의 안전성에 간여하는 필수 공간이다. 지하 공간은 고강도 콘크리트를 사용한 박스 구조로 매설돼 암반처럼 건물을 지탱한다. 그렇게 지반의 깊은 위치에서 건물을 붙듦으로써 지표 주변의 외적 충격을 완화하거나 차단한다. 건축물이 높아질수록 지하층은 깊어지게 마련이다. 그렇게 마련된 지하 공간은 대개 빌딩의 운영 설비나 주차 시설 등 지상의 삶의 편의를 북돋우는 공간으로 활용된다.

주택의 경우 지하실은 잉여의 공간이다. 현행법상 지상 2층 건물을 지을 경우, 지하층의 천정이 지반면보다 1미터 이상 위로 솟지 않으면 건평만큼의 지하층은 용적률 제한에 걸리지 않는다. 3, 4층 높이의 다세대나 다가구주택의 (반)지하 공간들이 거의 그런, 건축법이 덤으로 허용한 공간이다. 늘어나는 수도권 주택 수요를 충당할 목적으로 합법화한 지하(반지하) 주택은 2012년 말 약 60만여 가구(140여만 명)에 이른다. 이들 가구의 상당수가 헌법이 보장한 권리(제35조 건강하고 쾌적한 환경에서 생활할 권리)를 보장받지 못하고 있다. 주거복지연대 등 시민단체들은 안전, 건강 등 최저 주거 기준의 관점에서 지하 주거 환경의 전면적 개선과 신규 공급 억제를 주장하고 있다. (물론 그 같은 변화가 필연적으로 수반하게 될 주거 부담의 증가에 대한 대책도 함께 고민돼야 할 것이다.)

알다시피 주거 공간으로서의 지하층의 최대 단점은 채광과 습도다. 창이 아예 없거나 옹색해서 늘 어둡고 눅눅한 데다 환기도 마땅찮아 곰팡이 등 실내 오염에 취약하다. 그 환경이 인체의 건강과 가구 등 세간의 내구성에 안 좋은 영향을 미칠 것은 자명하다. 그런 점들에도 지하층은 지상층이 누리지 못하는 적지 않은 장점을 지니고 있다. 기온의 변덕에 덜 민감해 에너지를 덜 쓰고도 여름과 겨울을 날 수 있고, 활동도 상대적으로 자유롭다. 창 없는 벽으로 둘러싸여 있다는 점은 물론 단점이지만 벽면 공간 활용도 면에서는 장점이다. 지하층을 파티룸이나 음악감상실 같은 여가 공간으로 꾸민 고급 주택도 드물지 않거니와 근년에 지어지는 서민들의 반지하 공간들은 철제 담장을 두른 유럽의 오래된 도로변 빌라 지하층들처럼 '드라이 에어리어Dry-Area'라는 지하 발코니 공간을 둬, 프라이버시를 최대한 지키면서 채광과 개방성을 보완한다. 그 공간을 미니 정원처럼 개성적인 장식 공간으로 활용하는 예도 흔해졌다.

근년 들어 상업 시설이 밀집한 대학가 등의 주택가 (반)지하층이 카페나 상점 등 경쟁력 있는 상업 공간으로 급속히 변신하고 있는 데는, 물론 저렴한 임대료 등 경제적인 요인에 의해 촉발된 것이겠지만, 지하 공간만이 지니는 저 같은 장점들도 적잖이 기여했을 것이다. 1층 상가들의 시각적 어지러움과 거리의 소음으로부터 은신한 아지트 같은 아늑함은 한적하면 한적한 대로, 복작댄다면 또 복작대는 대로 묘한 정감을 선사한다. 거기에 백지처럼 두른 창 없는 사방 벽 위에 발휘된 독창적인 꾸밈들도 있다. 창이 있다면, 실내에 있는 이는 자신의 머리 위로 열린 창을 통해 거리의 풍경을 올려다보게 될 것이고, 행인들은 무릎 아래로 얕게 열린 창을 통해 지하의 밝은 실내를 호기심 어린 시선으로, 창이 허락하는 깊이만큼만 들여다보게 될 것이다. 공간의 안과 바깥의 시선들이 색다른 시각으로 낯설게 얽히고 설키는 경험은 반지하 공간에서만 누릴 수 있는 작은 시각적 모험이다.

그 느낌들은 물론, 지하 공간이 지니는 폐쇄성과 격절감에 대한 지나치게 호의적인 해석일지 모른다. 우리의 관념 속 지하 공간은(어쩌면 지하 공간 일반의 현실일수도 있지만) 역시 도스토옙스키가 19세기에 떠올렸던, 어둡고 더럽고 자폐적이고 절망적이기까지 한 몽상가의 공간, 부적응자의 공간에 가깝다. "나는 병든 인간이다……"라는 도발적 문장으

로 시작되는 『지하로부터의 수기』에서 지하실은 중년의 자폐적 몽상가
가 "사는 게 아니라 틀어박혀" 지내는 생활 공간이자 외롭고 고통스러
운 내면의 상징 공간이다. 그에게 지하실은 세상의 질서나 윤리, 이념,
가치 등으로부터 비껴선 공간이고, 그럼으로써 자신(또 자신의 내면적 가
치)을 지켜 주는 옹색하지만 군건한 성채 같은 공간이다. '마루 바닥 밑
쥐구멍으로부터의 수기'라는 원제처럼 그곳은 늘 음습하지만, 철학자
박이문의 해석처럼 "피상적 세계의 본질을 거리를 두고 조용히 관찰하
고 조명할 수 있게 해주는, 그래서 예리한 반성을 이끌어 내는" 공간이
기도 하다. 그 안에서 남자는 19세기 중엽의 러시아를 사로잡았던 이성
과 합리와 과학적 세계관, 공리적 가치관, '수정궁'으로 상징되는 근대
문명의 미래에 대한 동경과 신뢰를 비웃는다. 그는 "출구가 없다는 것,
(……) 자신이 처한 상황이 막다른 골목이라는 것을 강하게 느낄 때" 누
릴 수 있다는 '절망의 쾌락'을 강변하기도 한다.

　만일 욕망이 이성과 완전한 조화를 이루게 된다면, 그때 명백히 우리는
　사고할 것이고 욕망을 갖지 않을 것이다. 왜냐하면 예를 들어, 이성을 잃지
　않고서는, 비정상적인 어떤 것을 원한다든가, 이성에 어긋나는, 자신에게
　해가 되는 어떤 것을 알면서도 바라는 것은 절대적으로 불가능하기 때문
　이다. (……) 이성은 인간의 사유 능력만을 만족시켜 줄 뿐이다. 반면 욕구
　라는 것은 삶의 모든 국면들의 표현이다. (……) 나는 살기 위한 나의 총체
　적인 능력을 만족시키기 위해 살고 싶지, 살려는 나의 총체적인 능력의 사
　소한, 아마도 20분의 1에 불과한 사유 능력만을 만족시키기 위해서는 살고
　싶지 않다. (……) (어떤 변덕스러운 욕구들이) 우리에게 상처를 입히는 경우

에도, 유익함에 대한 우리 이성의 가장 납득할 만한 결론들과 모순되는 경우에도 (그 변덕스러운 욕구가) 모든 유익들보다 더 유익할 수도 있다. 왜냐하면 그것은 우리들에게 가장 중요하고 소중한 것을, 즉 우리의 인간성과 개성을 보존하기 때문이다.

　　　　　　　　　　　　　　－ 표도르 도스토옙스키,『지하로부터의 수기』에서

　인간적 삶이란 매 순간, 설사 가죽이 벗겨지는 대가를 치르더라도 자신이 톱니바퀴가 아니라 인간임을 스스로 확인하는 데 의의가 있다고 믿는 도스토옙스키의 남자가 "내가 아직 살아 있고 욕망을 가지고 있는 한 (……) 나는 무릎을 꿇지 않겠다. 내게는 지하실이 있다"고 할 때, 그에게 지하실은 '2+2=4'라는 차가운 이성의 폭력을 모면할 수 있는 피난처이자 변덕스러운 욕망의 가난한 해방 공간이다. 요컨대, 150년 전 대문호의 저 문장 안에서 지하실은 작품의 단순한 공간적 배경이 아니라 작품 전체를 잉태하고 떠받치는 지반이다. 그의 음습하고 자폐적인 지하실은 사회적 약자들이 스스로를 지키며 나약한 독백의 형식으로나마 절규할 수 있는 (역시) 마지막 삶의 공간으로 활짝 열린다. 지하실은 그렇게, 근년의 트위터에서 우후죽순처럼 번졌던 다양한 '대나무숲'들처럼, 또 1백 년 뒤나 2백 년 뒤를 겨냥한 저 SF적 상상의 편린들처럼 삶의 공간으로, 또 새로운 가능성의 공간으로, 시공을 넘어 아스라이 교감한다. 지하는 우리에게 그런 공간이다.

농성장

벅찬 희망과 아득한 절망이
맥놀이하는 공간

찬바람 부는 날 거리에서 잠들 땐 너무 춥더라

인생도 시리고

도와주는 사람 함께하는 사람은 있지만

정말 추운 건 어쩔 수 없더라

내가 왜 세상에 농락당한 채

쌩쌩 달리는 차 소릴 들으며 잠을 자는지

내가 왜 세상에 버림받은 채

영문도 모르는 사람들에게 귀찮은 존재가 됐는지

찬바람 부는 날 거리에서 잠들 땐 너무 춥더라

인생도 춥더라

임금 제도 개선을 요구하며 2007년 12월 시작된 재능교육 노동조합 농성이 곡절을 겪어 가며 7년째를 맞고 있다. 노래패 '꽃다지' 4집에 수록된 저 노래 「내가 왜?」는 농성자들이 거리 농성 수천 일 중 어느 날 문득 느꼈을지 모를 마음의 한 자락을 담은 노래다. 노래를 들으며 그간의 사연들이 담긴 자료를 찾아 읽다가 충동적으로 농성장을 찾아 간 2012년의 어느 날에는 간간이 빗방울이 들었다.

농성장은 낯익은 동료들의 믿음직한 연대 못지않게 낯선 시민들의 동조와 격려, 하다못해 우호적인 시선 한 줄기에도 뜨겁게 감응하는 공간이다. 벅찬 희망과 바닥 모를 절망감이 잔인하게 맴놀이하는 공간이자 자본 권력, 공권력과의 대치의 긴장이 상존하는 전선이기도 하다.

머무는 행위 자체가 시위의 형식이자 내용인 농성은 주체나 현안의 성격 못지않게 자리에 따라 격렬한 배수背水의 투쟁이 되기도 하고, 외형상 느긋하고 평화로운 대치가 되기도 한다. 가령 2009년 용산참사의 현장인 남일당은 철거민들의 희망이 내몰린 마지막 자리이자 재개발 자본의 탐욕이 헐떡이며 내달아 오던, 우회할 곳 없는 길목이었다.

그들이 택한 길바닥은 집이나 작업장처럼 거점 공간에서 떠밀린 이들이 어쩔 수 없이 택하는 원심적 공간이다. 공간의 상징성을 덜 훼손하면서, 듣고 보아 줄 이들이 가장 많은 공간. 그런 자리에서의 농성의 양상은 처지의 가파름이나 현안의 절박성과는 별개로, 공간 자체의 성격에 의해 어쩔 수 없이 유순해진다. 즉 제 목숨을 걸 수는 있지만 세상의 질서나 편리를 심각하게 위협하지는 못한다. 설사 그곳이 지상 20미터 높이의 칼바람 부는 철탑 위라고 해도, 현재 한국 사회의 가장 첨예한 갈등—부당해고, 비정규직 차별, 용산참사 진상 규명, 제주 해군기지 반대, 세월호 사건 진상 규명 등—이 상징적으로 대치되는 공간이라고 해도.

서울 중구 덕수궁 대한문 앞 인도 위에 선 세 동의 천막도 그런 공간이었다. 스스로 '농성촌'이라고 명명했지만 촌이라는 이름조차 호기로워 보일 만큼 옹색한, 인도의 절반에 열 걸음 남짓 폭의 거리 공간이 펼쳐질 뿐이었다. 그리고 재능교육 농성장은 서울광장을 사이에 두고 그 농성촌을 마주 보는 자리에 있었다. 스티로폼 위에 은박 매트를 깔고 얼기설기 묶어 세운 지지목 위로 두 겹 비닐을 두른, 한 평도 안 되는 그 천막은 보행자들에게 불편을 조금이라도 덜 주기 위해 보도 가장자리에 왜소하게 자리하고 있었다.

농성장은 한시도 비워둘 수 없는 공간이다. 유득규 씨는 걸레로 방(?)을 훔치는 중이었고, 다른 동료 농성자는 홑이불 같은 침낭으로 얼굴을 덮은 채 곤히 잠들어 있었다. 사생활을 엿본 듯한 느낌에 머뭇거리는 기자에게 유 씨는 대수롭지 않다는 듯 자리를 권했다. 밤낮없는 거리 소음과 어지간한 무례쯤엔 이골이 난 듯한, 한데 생활 5년의 관록. 농성의 사연보다 공간 자체에 마음을 빼앗긴 채 두리번거리는 기자를 그는 옅은 웃음기를 머금고 뜯어보더니, 셋방을 소개하는 성실한 부동산 중개인처럼 설명을 시작했다.

"지금은 상태가 아주 좋은 편이죠. 1년쯤 전인가, 박원순 시장이 취임한 바로 다음 날 중구청에서 철거를 한 뒤로는 지금껏 별 탈이 없었으니까요." 혜화동 본사 앞 농성 시절부터 치면 강제 철거된 횟수가 공식적으로 센 것만 14차례. 철거되고 나면 한동안은 맨바닥 농성을 하고, 경비가 조금씩 느슨해지면 돗자리 펴고, 침낭 펴고, 파라솔에 비닐 둘러치고……. "그렇게 하나씩 다시 갖춰가는 겁니다. 현재는 거의 안정화 단계죠."

정규직이던 학습지 교사가 1990년부터 개인사업자 격인 위탁계약자로 법적 신분이 바뀌었고, 이제는 학습지 교사 10만여 명이 모두 이른바 특수고용직이 됐다는 이야기, 노동자 신분도 선명하게 보장받지 못하는 데다 직종 특성상 이직률은 높고 근속 연수도 짧아 노동계조차 고개를 갸웃거렸지만 전국 방방곡곡 돌며 동료들을 모으고 파업까지 감행해 가며 설립한 노조(1999년), 이후 더 집요해진 탄압과 2007년 임금 삭감, 그리고 농성…….

2012년 행정법원은 학습지 교사도 회사의 지휘 감독을 받는 근로자임을 인정했다. 근로기준법상의 근로자 권리는 인정받지 못해도 노동조합법상의 노동자 신분은 확인 받은 셈이고, 적어도 법적으로는 임금 협상과 단체 교섭의 주체가 됐다. "이제야 1999년의 처음 그 자리, 노조 설립 필증을 받아 들고 기뻐하던 그 시절로 돌아간 셈이죠." 그는 후보 시절 한 약속(노동자성 인정)을 못(안) 지킨 노무현 전 대통령과 참여정부, 사측의 부당 노동행위에 대한 노동위원회의 숱한 기소 의견에도 불구하고 근로자가 아니라는 이유로 요지부동이던 사법당국, 해고 노동자에 대한 대법원 복직 판결마저 비웃는 자본의 위세 등에 대해서도 이야기했다. "공권력으로부터 얻어 낸 첫 호의적인 반응이니까 기쁘긴 한데, 솔직히 정치인의 약속이나 법이 보장해 준다는 권리에 큰 기대는 안 합니다. 우리가 정말 원하는 것은 우리의 주장에 동조해서 함께 나란히 서줄 수 있는 한 사람 한 사람의 시민들이에요."

그들의 농성은 단위 사업장의 현안을 넘어 슬금슬금 늘어나고 있는 특수 고용직에 대한 세상의 인식과 처우 개선이라는 숙제까지 감당하게 된 듯하다. 덤프트럭 운전자, 간병인, 레미콘 기사, 퀵서비스 기사, 보험 모집인, 그리고 학습지 교사……. 스스로는 '위장된 자영업자'라고 부르는 특수 고용직 노동자는 통계청 집계로는 54만 명이지만, 노동계에서는 200만~250만 명에 이르는 것으로 추산한다. 4대 보험은 물론 산업 재해도 인정받지 못하며, 죽을 각오로 나자빠지지 않는 한 사측은 정당한 교섭 기회조차 주지 않는다. 상시적으로 영업 성과를 압박 받으며 고용 불안, 생계 불안에 내몰리면서도 영업·사무 비품에 사무실 봉지 커피까지 자비로 사야 한다.

고용주 입장에서는 더없이 매력적인 이 임금 노동 형태는, 비정규직과 더불어 고용 시장 피라미드의 가장 하층부를 형성하면서 자본의 성채, 거대 자본의 이윤 구조를 떠받치고 있다. 그럼으로써 너절해진 자본의 윤리, 참담해진 노동자들의 현실을 알려야 한다는 책임감, 그 현실이 바로 내일, 바로 '당신'의 현실이 될 수 있다는 사실을 알려야 한다는 사명을 그 천막은 힘겹게 움켜쥐고 있었다.

"혜화동 본사 앞에서 여기로 농성장을 옮긴 게 2010년 11월이었어요. 여긴 시민들의 눈과 귀가 많아 외진 본사 앞보다는 선전 효과가 크고, 용역 직원들의 압박도 덜해서 좋아요."

그는 농성장 한 켠의 휴대용 가스레인지를 켰다. 레인지 위 밥솥에서 데워진 물이 호스를 타고 은박 매트 아래를 돌면서 바닥을 데웠다.

침낭 덮고 누우면 그 온기만으로도 겨울 나는 데 한결 낫다고 했다. "물이 아니라 수증기가 도는 거예요. 아주 추워지면 수증기가 호스 안에서 얼어 버리기도 해요. 그렇다고 발전기를 돌려 난방을 하자니 돈이 너무 많이 들고……" 물론 불법이다. 걷어내라고 해서 걷어내면 그만이고, 재작년까진 저거 없이도 겨울 났다고 그는 말했다.

그는 저 노래 「내가 왜?」를 싫어한다고 말했다. "슬프고 처량 맞잖아요. 딱 우리 이야기이긴 한데, 마음까지 추운 건 아주 잠깐씩 스쳐가는 느낌일 뿐이에요. 노랫말 같았으면 우리가 지금껏 버틸 수 있었겠어요?"

2012년 초 농성 조합원 한 명(고 이지현 씨)이 암으로 세상을 떠난 뒤로 남은 이는 11명뿐이었다. 지방에 사는 이들을 제외한 약 절반이 당번을 정해 농성장을 지키며 연대 집회에도 참가하고 선전전도 벌였다. 연대 농성을 해주는 동지들도 있었다. 조촐한 술자리라도 마련되면 한 길 건너 서울 강북 최대의 유흥 구역인 북창동의 여느 떠들썩한 술자리 못지않게 흥겹고 따뜻해졌다.

"대교, 구몬 등 다른 학습지 조합원들이 올 때도 있어요. 술 한 잔씩 마시다 보면 서로 자기네 교재가 좋다며 티격태격하기도 해요. 그러다 '지금 우리가 뭐하고 있냐'며 함께 웃죠. 재능교육 불매운동도 했지만, 뭐 어쨌건 그건 회사가 나빠서지 우리 교재나 선생님이 나빠서 한 건 아니었으니까요. (……) 첫 직장이 여기였어요. 가르치는 일과 영업하는 일이 제겐 잘 맞았어요. 노조 초기 '교재 개선 위원회'라는 걸 만들어 우리끼리 토론하면서 잘못된 내용 개선안을 작성해 사측에 전달하기도 했죠. 그땐 정말 우리가 회사의 주인이라는 생각이 들었어요. 부당한 것들도 하나씩 개선되리라 믿었고요. 그랬는데……. '아, 이거구나' 하던 그 시절을 잊지 못해요. 수당 좀 더 받고 덜 받는 것보다 그때 경험했던 신명과 보람을 되찾고 싶은 마음. 제게는 그게 희망입니다."

외국인의 왕래가 잦은 서울 도심, 고궁의 운치와 도시 미관을 해치고 보행자들의 불편을 초래한다는 주장, 법과 권력이 편파적으로 편드는 이들이 실정법을 앞세워 떠미는 힘에 밀려 그들은 언제라도 바닥에 나앉게 될 수 있었다. 물론 그런다고 농성장이 사라지지는 않을 것이다. 권리와 의무, 몫과 부담의 분배가 온당하지 않다고, 이 사회가 정의롭지 않다고 여기는 이들이 많은 세상이기 때문이다. 농성장을 지탱하는 것은, 공권력이 걷어 내려는 지지목과 비닐이 아니라, 그들의 항변에 동조하는 시민들의 의지이기 때문이다.

후일담에 따르면 재능교육 농성 천막은 현재 서울 혜화동 본사 앞으로 옮겨진 상태다. 2013년 노사는 85개 단체협상 조항 중 합의된 조항만으로 단체 협상을 체결하고 보충 협약을 진행하자고 제의했고, 이에 동의한 일부 조합원은 업무에 복귀했으나 일부는 아직 남아 농성을 계속하고 있다. 남아 있는 쟁점 조항이 핵심 조항이기 때문에, 지난 긴 투쟁의 세월이 아까워서라도 그렇게 물러설 수 없다는 게 농성을 계속하고 있는 조합원들의 주장이다. 그들은 지금도 '단체협약 원상회복'을 주장하며 천막 농성장을 지키고 있다.

재능교육 본사 앞은 시민들의 눈과 귀가 시청 앞보다는 훨씬 적은 곳이다. 그래서 어쩌면 퇴각이다. 대신 회사의 경영진과 지금은 갈라선 옛 동료들, 동지들은 더 자주 마주칠 수 있다. 그리고 협상의 상대

(경영진)와 정면으로 마주 서는 곳이다. 그러므로 물러설 수 없는 전선으로 한발 더 다가선 셈이기도 하다. 하지만 그 자리가 어디든, 농성장의 유불리는 결국 시민들의 관심과 지원에 달려 있을 것이다.

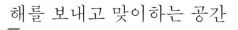

해를 보내고 맞이하는 공간

시간이 공간과
하나되는 자리

연말은 살기 바빠 잊고 지내다가도 문득 뭔가가 간절히 그리워지는 때다. 결핍감, 상실감이라 해도 좋을 그 그리움은 대상이 사람일 수도 있고, 사물일 수도 있고 지나온 시간이나 공간일 수도 있다. 그 즈음에 우리는 달랑 한 장 남은 달력, 몇 안 남은 숫자들 위로 그리운 것들을 하나둘 겹쳐 보며 싸한 감상에 젖기도 한다.

과거로 거슬러 갔던 그리움이 빈자리로 되돌아오는 여정은 대개 회환과 아쉬움으로 버무려지는 과정이다. 우리는 그 슬픔의 빈 공간, 감당하기 힘든 허전함을 잊기 위해 이런저런 어울림의 핑계들을 만들어, 마치 다 자란 아이가 허구의 산타클로스를 믿어 주듯, 그렇게 누리는 건지 모른다. 연말의 우리는 밀린 숙제를 하듯 만나고 모이고 먹고 마시고 떠들고 노래한다.

당연한 말이지만, 시간은 시곗바늘이나 달력 숫자에 얽매이지 않는다. 거꾸로 도는 시계도 있고 1~31의 숫자를 뒤죽박죽 섞어 놓은 달력도 있지만 시간이라는 운명의 흐름을 훼방 놓지는 못한다. 오히려 그 뒤틀린 유희를 통해 우리는 스스로 정해 둔 흐름, 크고 작은 시간의 매듭들을 불편하게 또 한 번 인식한다. 그렇거나 말거나 시간은, 고대 마야인들이 지녔던 미래의 상상력 혹은 달력 기록에 필요했을 수고의 한계를 넘어 지금 이 순간에도 흔들림 없이 흐르고 있다.

시간이 일상의 질서를 위해 존재하는 것은 아니지만, 대개의 질서는 시간의 질서 위에서만 간신히 정돈된다. 그러므로 시간의 매듭은 일상의 매듭이다. 한 해의 마지막 무렵 우리는 성가셨던 일들을 하나둘 마무리하고, 오래 절박하게 매달려 왔지만 어쩔 수 없던 것들을 또 수긍하면서 각자가 감당해야 할 것들을 속으로 품어 안는다. 그럼으로써, 인식하진 못하더라도, 모두 저 시간의 흐름 위에서, 다가올 매듭들을 예비하는 우주적 존재로서, 순행하는 시간과 아주 가까이 다가서게 된다. 잠깐이나마 제 천성에 다가가고 조금은 더 순해진다. 그 원초적 시간 안에서 우리는 우주적 시야를 지닌 한 점 티끌로 서서 저무는 해를 바라보고 또 떠오를 해를 기다리는 것이다.

1년이라는 시간의 한 매듭이 맺히고 시작되는 순간, 시선 안에 해를 붙들어 두려는 욕망은 아이가 잠에서 덜 깬 눈을 비비며 거실 벽 귀퉁이에 그려 둔 줄자 위에 제 몸을 대보면서 밤새 자랐을지 모를 키를 확인하려는 욕망과도 별로 다르지 않을 것이다. 한편으로는 대견하고, 또 한편 안쓰러운 조바심.

지구의 유일 광원인 해는 문화와 문명의 주역으로서도 인류와 동행해 왔다. 모든 빛은 다양한 긍정적
상징성과 이미지에도 불구하고 선악의 윤리적 주체는 아니어서 일출의 저 환성뿐 아니라, 1938년 나
치의 뉘른베르크 전당대회(작은 사진) 피날레에서처럼 사악한 아름다움에 취한 군중의 함성을 자아
내기도 한다.

우리가 해를 보내고 맞이하기 위해 찾아가는 곳은 주로 바닷가나 산마루처럼 시야가 탁 트인 공간이다. 풍경을 체험하는 인간의 시야각은 60도 정도 되고, 시선이 머무는 범위는 팔을 쭉 뻗었을 때 보이는 손바닥 정도의 면적 비율이라고 한다. 붙박인 홑눈을 지닌 인간에게 시야각과 시선 범위를 넘어서는 파노라마의 풍경은 생물학적 한계를 넘어서는, 온전히 감당할 수 없는 자극이다. 그 광활한 풍경 앞에 설 때 인간은 기억과 이성의 도움으로, 마치 사진을 파노라마로 이어 붙이듯, 시야 귀퉁이의 선과 색조를 대조해 가며 편집해 보지만 완벽한 그림으로서의 대상을 얻지는 못한다.

그 한계의 고통에 고대의 미학자들이 붙인 이름이 숭고미일 것이다. 논리나 이성, 감각과 상상을 넘어서는 측정 불가능한 절대 공간, 전율과도 같은 그 고통스러운 자극 앞에서 인간이 느끼게 되는 극도의 황홀경과 초월적 아름다움. 안성찬의 『숭고의 미학』이란 책에는 숭고미의 개념사적 기원이 고대 희랍어 'hypsos'로 거슬러 올라간다고 쓰여 있다. '높이', '높음'이라는 뜻을 지닌 저 단어는 서서히 전의, 확산되면서 '격정적으로 솟아오르는 영혼의 고양'을 지칭하는 용어가 됐고, 고대의 그리스인들은 연극 등을 통해 근심, 걱정거리 천지인 일상사를 벗어나 영원한 신들의 높이에서 인간과 국가의 운명을 바라보는 희열(카타르시스)을 일컬어 숭고라 했다는 것이다. 숭고의 저 형상화는 떠오르는 태양의 이미지와 꼭 닮아 있다. 절대의 숭고 공간을 가로지르며 저무는, 혹은 솟아오르는 해의 운행을 바라보면서 우리는 이중의 숭고미를 체험한다.

하지만 우리가 한 해의 마지막 여가를 덜어 고된 여정 불구하고 일

몰의 명소를, 혹은 새벽같이 일어나 추위를 무릅쓰면서 일출이 장관이라는 동해안 바닷가나 높은 산을 찾을 때 염두에 두는 것들은 습관적이라고 해도 좋을 만큼 현실적이다. 마음의 앙금을 씻고, 새로운 출발을 다짐하는 것. 지는 해의 연지빛 노을로 씻어 낸, 마음 안에 남겨진 크고 작은 바람들을 떠오르는 해의 기운 위에 담아 올리는 것. 그 내밀한 읊조림은 자신을 향한 약속이자 절대자를 향한 소박한 기복의 언어가 된다. 또 몸을 돌려 나란히 선 이들과 눈을 맞추며 주고받는 위로와 격려, 희망의 덕담들은 그 약속과 기도의 아름다운 여운일 것이다.

해맞이 풍습의 유래를 고대인의 태양 숭배 의식에서 확인하려는 것은, 그래서 자연스럽다. 해를 맞이하는 공간에서 우리는 돌탑 위에 정갈한 돌 하나를 골라 얹거나 물가에 촛불을 켜놓고 비손하는 것과는 다른, 해와 달, 나아가 하늘의 뭇 별들과 동조하며 살았던 토템 부족으로서의 집단 유전자를 노골적으로 드러낸다. 거기에는 인간이 신(이라는 관념)을 만나기 훨씬 전부터 지녔음 직한 본능적 끌림, 신앙의 자리보다 더 깊은 곳에 남아 있을 절대적 밝음의 존재에 대한 공포와 의존의 충동도 있을 것이다.

해넘이를 즐기는 양태는 대체로 차분하고 개인적이다. 그것은 해넘이가 멀어져 가는 아름다움, 열정의 긴 여운과 함께 어둠으로 잦아드는 형식인 까닭과 상관이 있을지 모른다. 진한 감동의 마지막 책장을 덮듯 그렇게 묵묵히 오래 머물며, 진정한 책은 대낮이나 요설의 산물이 아니라 어둠과 침묵의 산물일 것이라던 어느 소설 속 문장이라도 나지막하게 읊조려 보며, 지난 시간들을 보내고 또 힘겹게 긍정하는 것이다.

반면에 해맞이 정경은 활기차고 공동체적이다. 긴, 초조한 기다림 끝에 터지듯 번져 오는 순한 빛. 겸재 정선의 「목멱조돈木覓朝暾」이 보여 주듯 푸른빛 도는 먼 산의 먹빛 능선을 타고, 붉고 밝은 빛무리로 애를 태우던 해가 뚜렷한 원호를 그리며 삐죽 제 모습을 드러내는 광경은 그 자체로 자못 극적이다. 추위를 참으며 모여 섰던 이들은 누가 먼저랄 것도 없이 폭죽과도 같은 함성을 내지르게 된다. 그때의 함성은 재생과 부활과 환희의 예찬일 것이다.

해넘이나 해맞이의 명소에는 더러, 행하는 이들의 수고로움만큼 누리는 이의 입장에서는 썩 달갑지는 않을 수도 있는 떠들썩한 공연이 펼쳐지는 곳도 있다. 그 역시 해를 만나는 일이 개별적 신성神性의 의미와 함께 공동체적 결속의 잔치라는 의미도 내재돼 있음을 말해 준다. 또 거기서 내가 지닌 그 무엇과도 바꿀 수 있을 만큼 고마운 따뜻한 차를 나눠 주는 이들을 만날 때도 있다. 그 추위에 떨며 마시는 한 잔의 차는 우리가 한 해 내내 얻어 왔고 또 얻게 될 이름 모를 이웃의 마지막 그리고 첫 나눔의 의례가 된다. 어쨌건 그 요란하고 호들갑스러운 집단 행위도 시간 너머(달력 너머)의 우주적 관점, 신의 관점에서 보자면 키재기하는 아이들처럼, 한편 대견하고 또 한편 우스꽝스러워 보일지 모른다.

빈소

여밈의 의미를 묻고
생각하는 공간

빈소는 옷깃을 여미는 공간이다. 차림을 바루고 자세를 단정히 하는
것은 우선 고인과 유족에 대한 예의지만, 거기에는 제 마음을 다잡으
려는 뜻도 스며 있다. 단추를 채우고 옷깃을 가지런하게 매만지는 동
안 우리는 이별의 슬픔과 상실의 설움을 여민다.

　그 여밈은 안으로 가두기 위한 여밈이다. 울부짖듯 흩뜨려지려는 긴
인연의 시간, 그 시간의 기억들을 내면으로 거두어 간직하기 위한 여
밈이다. 그것은 군대에서 상급자 앞에 나서는 하급자, 혹은 호된 질책
을 예감하며 어른이나 선생님에게 불려가는 아이의 내보이기 위한 여
밈과 다르다. 절이나 교회처럼 신의 거처로 나아갈 때의 여밈은 관습
적인 교육된 여밈이고, 추울 때 옷깃을 여미는 것은, 정확히 말하자면,

여미는 게 아니라 세우는 것이다. 여밈은 그러므로 경건하고 자발적인 정신적 행위이다.

여미어진 기억 속에서 우리는 귀한 반추와 자성의 동력을 얻는다. 미처 챙겨보지 못한 미덕을 가려 기리고, 허술했던 제 정성을 반성한다. 그것은 두려운 일이다. 스스로를 비루하게 바라보는 자신의 시선과 마주 서야 하는 일이기 때문이다. 누구와도 공유할 수 없는, 이제는 혼자 반구反求하며 감당해야 할 고인과의 안타까운 추억이라도 있다면 여밈은, 반성은, 더 힘겨워진다. 그 순간 여밈은 자의식 속에서 위선이 되기도 한다. 그래서 불효자처럼 오열하고 싶어지고, 실제로 아이처럼 목놓아 울기도 한다. 여밈이 흐트러지는 그 순간, 우리가 경험하는 것을 카타르시스라 불러도 좋을 것이다. 조문실은 그렇게 저마다의 사연으로, 각자의 내면이 경건하게 닫히고 또 터지듯 열리는 격렬한 고해소 같은 공간, 정화의 공간이 된다.

옛적 혼례나 초상, 돌잔치 등 크고 작은 애경사는 주로 집 안마당에서 치러졌다. 사람이 넘치면 고샅으로도 상이 나가고, 나누는 음식들과 함께 행사는 마을 전체의 행사로 슬금슬금 확산되곤 했다. 넓든 좁든, 그때의 마당은 그 자체로서 고인을 추억하고 추모하는 너른 공동체의 공간이었다. 마당들이 사라지면서 공간이 간직한 이야기의 켜, 추억의 켜들도 더불어 왜소해졌다. 이제 결혼은 예식장에서, 돌잔치는 뷔페 식당에서, 초상은 종합병원 장례식장이라는 성냥갑처럼 왜소하게 연출된 공간 안에서 치러진다.

그 상실은 어쩔 수 없이 수용해야 할 양식과 세태 변화의 귀결이지만, 죽음의 (또 삶의) 공간성이 심하게 훼손된 것만은 분명하다. 차례를 기다려 마지막 2박 3일을 머물게 되는 그 낯선 — 추억의 공간성이 훼손된 — 한시적 거처에서 죽음의 개별성도 희석된다. 조문객은 육신(관)이 없는 빈소(사전적으로는 '관을 놓아두는 방'이다)에서, 고인의 체취도 손때도 묻지 않은 공간 안의 영정을 바라보며, 다만 그 낯익은 미소를 위안 삼아 예를 올린다. 어쩌면 우리는 1년 전, 혹은 1년 뒤, 바로 그 공간 그 자리에서 또 누군가의 영정 앞에 절을 하게 될 수 있다. 또 우리 자신의 얼굴이 사진틀 안에 자리 잡고 누군가의 분향을 받을 수도 있다. 난데없는 부고訃告처럼 어지럽게 버무려지는 경험 속에서, 조문의 기억도 공간성을 잃고 이야기의 개별적 맥락을 놓쳐 버리곤 한다. 장례식장의 시간의 켜는 맥락으로 쌓이지 못하고 다만 우리의 기억 속에서 어렵사리 나열될 뿐이다. 그것은 개성 없이 나열된 장례식장 공간의 배열과도 닮은꼴일 것이다.

3일장의 첫날, 빈소는 대개는 고적하다. 고인의 신분과 행적, 또 임종과 발상發喪(상을 외부에 알리는 일) 시각에 따라 사정은 다를 테지만, 이날은 대개 소수의 혈족과 아주 가까운 친지들이 자리를 지킨다. 그럼으로써 사별의 슬픔을 거리낌 없이 드러내고 또 확인하는 시간을 갖는다. 첫날의 조문은 사양하는 것이 유족에 대한 예의라 여기는 이들도 있다.

첫날의 고적함은 애도의 질감을 촘촘하게 한다. 가까운 이들조차 몰랐던 생애 마지막 순간의 기억들, 투병과 임종의 상황들이 어렵사리 공유되고, 대상 없는 원망과 안타까움이 분노와도 같은 깊은 슬픔과 버무려지곤 한다.

인연은 특별하지만 관계는 소원해진, '탕자蕩子'들이 주변의 불편한 시선을 피해 빈소를 찾는 것도 대개 첫날의 늦은 밤이다. 묻어 둔 사연을 조심스럽게 들추며 이해와 용서를 구한다. 망자 앞의 눈물만큼 진솔한 것이 있을까. 모두가 죄인일 때(죄인이라고 여길 때) 죄의 질량은 사소해지고, 확연한 유한의 운명 앞에 자잘한 상처들은 적당히 만만해진다. 참회는 너그러운 이해의 품에 깃들어 화해의 포옹으로 이어지고, 너무 늦은 화해가 또 서러워 어제까지 외면하던 이들도 서로를 부둥켜안고 울 수도 있다. 설령 용서의 청이 외면되더라도 훗날 화해의 소중한 씨앗은 뿌려 둘 수 있다. 그곳은 감정이 극단으로 치닫는 공간이지만, 또 그래서 한없이 넓게 퍼져 넘실대는 공간이 되기도 한다.

둘째 날 조문소의 풍경은 첫날과 확연히 달라진다. 조문객이 가장 많이 몰리기 때문이다. 그만큼 기억의 저변도 확장된다. 학창 시절, 회사 생활 등 이런저런 사회적 활동의 켜들이 들춰지고 회자된다. 무리 지어 술과 음식을 나누며 각자의 기억들을 이야기하고, 옆 테이블의 낯선 조문객들에게서 흘러나오는 이야기에 귀를 기울일 수도 있다. 종당에는 슬픔으로 이어지는 이야기들도 더러는 기쁨과 즐거움의 징검돌을 거쳐가므로, 여기저기서 가벼운 웃음이 터져 나오기도 한다. 그렇게 고인의 삶이 객관화하는 동안, 유족들도 서서히 고인의 죽음을, 부재를 객관화한다. 사위스러워 입 밖에 내지 못하던 고인에 대한 원망도 그런 웃음 위에 얹혀 밉지 않게 털어놓게도 되는 것이다. 그 과정은 유족에게 새로운 슬픔의 샘이 되기도 하고, 슬픔을 극복하는 사다리가 되기도 한다.

술자리는 대체로 다음 날 첫새벽까지 이어진다. 술판이 화투판이 되고, 순간순간 왁자해지기도 한다. 그 미시적 잔치의 풍경을 원망하는 유족은 드물다. 여민 옷깃이 풀어지는, 일상과 다를 바 없는 그 흐트러짐의 풍경에서, 상실의 외로움을 잠시 부려 놓고 허구로나마 위안을 얻는다. 그 위안 위에, 며칠씩 이어져 온 긴장과 격정으로 녹초가 된 몸을 누인다. 그럼으로써 또 내일을 버티기 위한 힘을 얻는다.

그렇게 조문은 고인에 대한 작별의 인사를 핑계로, 남은 이들에게 위로와 격려를 전하는 의식으로 전화轉化한다. 상처를 공유하며 아픔에 공감하는, 인간의 가장 '인간적'인 면모 가운데 하나를 확인할 수 있는 곳이, 귀한 누군가를 잃고 떠나보내는 그 순간 그 장소라는 사실은 되새겨 볼 만한 일이다.

셋째 날은 간단한 제나 예식을 거쳐 발인發靷을 한다. 관에 담긴 육신이 영구히 '집'을 떠나는 날. 그때의 집은 물론, 공간적으로는 장례식장이지만 의미로는 가족과 함께 생활하던 집이고, 학교와 일터, 술자리, 잠자리 등등 모든 포괄적 공간을 아울러 상징한다. 그 '집'은 그를 기억하는 모두의 '곁'이다.

운구 행렬과 함께 우리도 떠난다. 모두 떠난 빈 장례식장 ○호실은, 대기 중인 다른 누군가를 위해 말끔히 정돈된다. 2박 3일 동안의 숱한 이야기들과 함께 흔적이 지워지는 것이다. 장례식장이 일 없이 그 곁에만 가도 슬픈 것은 그렇게 누군가들이 저버려 온 그 숱한 '곁'들의, 공간을 잃고 떠도는 기억과 아무런 이야기도 품지 못하는 플라스틱 공간의 운명 때문일지 모른다. 또 거기서 우리를 정녕 슬프게 하는 것은 모든 삶의 이야기들의 덧없음을 상징하고 있는 그 공간에 대한 서글픈 자각, 바로 우리 자신의 운명일지 모른다. 우리가 옷깃을 여미는 것은 모든 덧없는 것들의 상기想起 앞에 지레 주눅 들지 않기 위한 무의식의 채비 같은 것은 아닐지.

　그렇게 우리의 장례 문화—장례식과 화장, 매장 등 모든 문화—는
'죽음'을 끌어안으면서 점차 '주검'을 배제하고 차단하는 방향으로 진
화해 온 듯하다. 또 그 덕에 우리는 공포나 두려움보다 슬픔이라는 정
화된 정서에 몰입할 수 있는지도 모른다.

　어릴 적 고향 동네에 있던 큰 병원의 뒷마당은 또래 아이들과 공놀
이를 하던 놀이터였다. 어느 늦은 가을날, 뒤로 흐른 공을 찾다가 평지
보다 낮게 열린 창고 같은 건물로 들어선 적이 있다. 내가 하얀 천에
덮인 시신을 처음 본 날이었다. 그곳을 어떻게 빠져나왔는지, 나온 뒤
공놀이를 계속했는지 전혀 기억하지 못하지만, 그 자리에서 느낀 공포
감은 지금도 잊지 못한다. 30년 가까이 지난 뒤, 그와 아주 흡사한 공
포감을 중국의 한 오지를 지나면서 느낀 적이 있다. 티베트의 고유 장
례법이라 알던 천장天藏(풍장 또는 조장이라고도 한다)이 이뤄지는 곳이었
다. 천장사가 갈고리와 장도長刀, 도끼, 망치 등으로 시신을 잘게 분해
한 뒤 주식인 보리떡, 참파 등과 잘 버무려 신神의 사자라는 독수리에
게 먹이로 던져 준다는 자리. 유족들은 천장의 모든 광경을 곁에서 지
켜보며 독수리들이 사자의 육신을 깨끗하게 먹어 주길 기원한다고 한
다. 내가 공포감을 느낀 그 공간이 티베트인에게는 경건한 슬픔의 공
간, 아니 상실을 넘어 환생의 희망이 시작되는 공간이었던 셈이다. 티
베트 종교 문화 연구자 심혁주는 『티베트 천장, 하늘로 가는 길』에서
티베트의 환경적 특수성과 티베트인의 독특한 사유 체계를 설명하며
"(그들에게) 죽음은 (영혼이) 옷을 갈아입는 것에 불과하다"고 했다.

　시인 천양희가 「옷깃을 여미다」라는 짧은 시를 통해, 시행 너머에서

궁극적으로 하려던 말이 모든 덧없는 것들에 대한 무의식의 채비와 다르지 않다면, 우리가 옷깃을 여며야 할 때는, 또 공간은, 우리가 생각하는 것보다 훨씬 많을 것이다.

비굴하게 굴다
정신 차릴 때
옷깃을 여민다

인파에 휩쓸려
하늘을 잊을 때
옷깃을 여민다

마음이 헐한 몸에
헛것이 덤빌 때
옷깃을 여민다

옷깃을 여미고도
우리는
별에 갈 수 없다

- 천양희, 「옷깃을 여미다」

지금, 여기

빙판길처럼
미끄러운 자리

예전보다 춥고 눈이 많이 내려선지 요 근래 겨울엔 빙판길도 유난히 많다. 미끄러운 길 위에서 엉거주춤 걷다 보면 시린 손을 호주머니에 넣을 엄두도 못 낸다. 어쩌다 기우뚱 미끄러지기라도 했다면 움직임은 더 위축되기 마련. 엉덩이는 한껏 뒤로 빠지고 두 팔은 유사시를 예비하는 자세로 우스꽝스럽게 펼쳐질 것이다. 전방을 살피고 발 디딜 곳을 탐색하느라 고갯짓도 바빠지고, 살짝 경사라도 있는 길이라면 비척비척 식은땀이 날 수도 있다. 낙상의 낭패를 면하자니 꼴이고 체면이고 없고, 당장엔 추운 줄도 모른다. 잠시지만 우리는 사지육신의 존재가 된다. 지능이나 지혜보다는 머리의 무게와 각도가 문제이고, 재간이 아닌 감각과 순발력이 관건이 된다. 사실 그 상황에 이르면 이런저

미끄러워 몸을 가누기 힘들어도 발을 떼어 나아가야 하는 빙판길처럼, 우리의 '지금, 여기' 역시 우호적일 때는 그리 많지 않다. 저마다의 처지는 다르겠지만, 그 자리는 누구에게나 미끄러지며 등 떠밀리는 자리다.

런 이성적 계산을 해볼 엄두가 안 난다. 직립 보행이라는 진화의 위업은 어이없이 부인당하고 인간으로서의 존엄도 더불어 초라해진다. 그때의 빙판길은 일상의 균열이고 과장하자면 문명의 균열이다. 익숙한 편리와 당연한 이기(利己)의 사소한 결핍 앞에, 오직 육체적 존재로 방비 없이 서야 하는 자리, 인간의 생물학적 열등함을 절감하는 자리다.

'지금, 여기'는 어떤 판단과 선택의 순간에, 당위로 이끌리기 쉬운 마음을 냉엄한 현실과 대면케 하는 말이다. 한 문학비평가가 처음 썼다는 저 수사의 선언적 비장함은, 낙관이나 비관으로 어물쩍 편향하려는 마음을 간신히 중심 잡게 하고, 긍정이나 부정으로 쉽게 미끄러지려는 관성의 멱살을 틀어쥐고 다시 텍스트를, 맥락을 들여다보게끔 하는 힘을 지닌다. 우리는 저 말 앞에서 어쩔 수 없이 흐트러진 마음을 가다듬게 된다.

공간으로서의 '지금, 여기'는 언제나, 지나온 길의 끝 자리이면서 나아가야 할 길의 첫 자리다. 그곳은 머무는 공간이 아니라 휘청거리며 등 떠밀리는 자리이고, 자의로든 타의로든 안정의 궤도를 벗어나 낯선 국면으로 진입해야 하는 자리다. 그 자리가 우리의 기대나 욕심처럼 늘 우호적일 수는 없다. 그것은 만족할 줄 모르는 인간의 본성과 무관하지 않겠지만, 잠시 놓았다 다시 짊어지는 삶의 무게는 늘 버겁고, 오리무중의 앞길은 언제나 우리를 주눅 들게 한다.

순간의 형태로 돌진해 오는 숱한 '지금, 여기'의 연쇄로서의 일상은, 그래서 안정적이지 못하다. 그곳은 (과거에의) 부정과 (미래에의) 긍정이 안간힘으로 맞서고 오늘과 내일의 비관과 낙관이 불안하게 공존하는, 겨울의 빙판길처럼 미끄럽고 불안정한 공간이다. 그 미끄러움은 물론 난관이지만, 역설적이게도 우리는 그 미끄러움으로 하여 '지금, 여기'에서 발을 떼게도 된다. 그 자리는 맨틀의 대류와 상관없이 얄궂은 시간 속에서 어떻게든 흔들리는 동적인 공간이다. 바로 그 자리에서, 우리는 지금껏 감당해 온 결핍의 현실과, 또 새롭게 감당해야 할 시련의 맥락들을 쓰린 마음으로 확인하고 수긍하면서, 회한과 반성의 반동으로 다짐도 하고 의지도 품는다.

빙판길의 끝에 만나는 미끄럽지도 질척거리지도 않은 길은 묘한 안도감을 선사하기도 한다. 긴장의 아드레날린이 잦아들면서 부리는 장난 같은 것일지 모르지만, 그 느낌은 작은 모험의 여운처럼 우리를 미약하게나마 흥분시키고, 불쑥불쑥 치미는 삶에 대한 막연한 불안 혹은 두려움에 맞설 수도 있을 것 같은 자신감을 불어넣어 주기도 한다. 그것은 '다 지나간다'는 유행가 가사처럼, 우리가 일상에서 비교적 손쉽게 얻을 수 있는, 이를테면 헐한 격려다. 하루치의 고된 산행을 끝낸 뒤 깃들인 쉼터에서의 아늑함과 달리, 너무 미미해서 스스로도 알아채기 힘든 격려. 그것은 무더위 속에 착각인 듯 느껴지는 미풍처럼 활력을 준다.

그런 어렴풋한 긍정적인 기운에 젖어, 우리는 비로소 상체를 세워 긴장된 허리 근육을 풀고, 말려 올라간 외투의 밑단을 가다듬고 흔들리던 시선을 다잡는다. 우리는 다시 익숙한 일상의 공간으로 진입하고, 호모 사피엔스로서의 위엄을 거짓말처럼 회복한다.

개인차는 있겠으나, 안정을 바라는 마음은 변화에의 욕망보다 질기고 힘센 본능인 듯하다. 울퉁불퉁 덜컹거리는 너덜길보다 잔디나 우레탄 깔린 산책로로 끌리기 쉬운 발길처럼, 문명이 닦아 온 편리의 대로에서 벗어나는 것은, 그것이 아무리 사소한 시도일지라도 모종의 의지나 강제적 개입, 이를테면 빙판길 같은 비일상의 새로움, 외적 자극이 필요하다. 무의식의 저변에 깔린 망각의 무엇이 익숙한 듯 낯설게 꿈의 공간을 헤집고 선연히 떠올라 우리의 심상한 새벽을 심란하게 할 때가 있다. 그때의 꿈이 늘 악몽인 것만도 아니다. 우리 안의 낯선 우리와 대면하는 드물지 않은 경험은, 새롭게 환기되는 '지금, 여기'의 자극처럼 우리를 긴장하게 한다. 그 변화는 새벽잠 설친 하루처럼 불편하지만, 무료한 일상의 균열에서 오는 야릇한 설렘도 동반한다. 그런 경험도 우리를 안정과 편리의 관성에 맞서게 하는 힘이 될 것이다.

그때 환기되는 '지금, 여기'에 대한 우리의 인식이 부정적일수록 변화에의 가능성은 커지기 마련이다. 우리가 흔히 보수, 진보라는 말로 경계나 경향을 상정하는 것은, 근원적으로는 '지금, 여기'에 대한 인식의 편향에서 파생된다고 해도 좋을 것이다. 분배나 성장, 현실의 정의나 윤리에 대한 판단의 엇갈림은 편향을 지탱하는 주된 요소들일 것이다. 하지만 변화는 당초의 바람이나 기획을 배반할 때가 많고, 배반의 후유증은 '멘붕'의 무기력으로, 혹은 비관이나 냉소로 앙금처럼 남아 변화의 동력 자체를 잠식하기도 한다. 진보는, 그것이 내면의 한 작용이든 집단의 힘이든, 늘 그렇게 힘겨운 소수로 바둥거리면서 예외적으로만 다수의 자리를 획득하는 것은 아닌지.

미끄러운 빙판 위의 우리는 갓 걸음마를 시작한 아이처럼 약하고 불안정한 존재이지만, 한편으로 그 불안 속에서 한 걸음 한 걸음 혼신을 다하는 아이의 열정과 집중력을 회복한다. 미끄러져 몸과 마음을 상하는 일도 있고, 흔들리면서도 더디게 헤쳐 나온 기억과 작은 성취의 짜

릿함으로 또 낯선 듯 익숙한 꿈의 새벽을 기다리기도 한다. 그 동력은 아마 '지금, 여기'의 이 빙판길처럼 불안하고 동적인 공간 속에 있고, 저마다의 '지금, 여기'를 살피고 내면화하는 마음 안에도 있을 것이다. 그것이 희망이라면 희망일지 모른다는 억지스러운 희망을 우리는 '지금, 여기'의 미끄러움 위에서, 미끄러짐을 통해 확인하기도 하는 것이다.

도판 저작권